¡Si lo sé, no lo digo!

Marcelo Castelo

¡Si lo sé, no lo digo!

12 antídotos para evitar respuestas suicidas a preguntas envenenadas

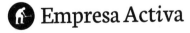 Empresa Activa

Argentina – Chile – Colombia – España
Estados Unidos – México – Perú – Uruguay

1.ª edición Junio 2018

Copyright © 2018 *by* Marcelo Castelo
All Rights Reserved
© 2018 *by* Ediciones Urano, S.A.U.
  Plaza de los Reyes Magos 8, piso 1.º C y D – 28007 Madrid
  www.empresaactiva.com
  www.edicionesurano.com

ISBN: 978-84-92921-91-1
E-ISBN: 978-84-17312-14-5
Depósito legal: B-10.099-2018

Fotocomposición: Ediciones Urano, S.A.U.
Impreso por Romanyà Valls, S.A. – Verdaguer, 1 – 08786 Capellades (Barcelona)

Impreso en España – *Printed in Spain*

A Armando, por la calidez de sus respuestas, la inspiración de sus preguntas y por la cinta blanca que ata nuestra amistad.

Maestro, en Ítaca continuamos.

Índice

TERCERA PARTE

En el principio fue lo primero

—Cariño, ¿este vestido me hace gorda?
—¿Me consideras un jefe o un líder?
—¿Por qué crees que deberíamos contratarte?
—¿Tiene usted alguna empresa en un paraíso fiscal?

No hay ser humano que no se arrepienta de alguna de sus respuestas y que no se haya flagelado porque la adecuada haya aparecido después de haber metido la pata con una contestación que le ha traído incomodidades personales, inconveniencias profesionales o ambas consecuencias al tiempo.

«¿Por qué habré respondido eso?» Esta pregunta me da pie a avanzar uno de los pilares más ariscos de esta obra: **en la comunicación entre seres humanos, en muchas más ocasiones de las que lo políticamente correcto aconsejaría reconocer, tener razón no es suficiente.** Con frecuencia ni siquiera es lo relevante.

Para tener una idea aproximada de lo importante que es responder a preguntas de forma adecuada basta con mirar cuántos servidores públicos son cesados por falta de competencia profesional y compararlo con cuántos lo son por dar rienda suelta a episodios de diarrea dialéctica en ruedas de prensa, eventos sociales o actos varios.

Aunque el ámbito de la empresa privada es mucho más expeditivo con sus integrantes, en nuestro país, como en la mayoría, gran parte de las diarreas dialécticas y de las frivolidades

intelectuales de los servidores públicos quedan sin más conse-
cuencia que el desprecio popular.

Quizá el castigo sobre los dirigentes públicos no sea sufi-
ciente, pero ten por seguro que el causante, más allá de las de-
claraciones defensivas que intentan mantener, a menudo de
forma infructuosa, una infantil estética dignificante, hubiera
preferido sufrir un ataque escatológico si eso le hubiese evitado
las chanzas y consecuencias indirectas provocadas por sus de-
claraciones.

Sin tener en cuenta ceses o costes profesionales directos no
minimicemos el precio indirecto de la metedura de pata pública.
La necesidad de estima y de pertenencia tienen rango de ley en el
sentimiento de bienestar de los seres humanos.

Esta obra está pensada para su utilidad en todos los aspectos
de la vida de una persona, pero he creído oportuno centrar los
ejemplos y gran parte de la redacción en las situaciones en las
que socialmente estamos más expuestos. Hablaré de forma espe-
cial de la conferencia profesional y de la entrevista periodística y
también profundizaremos en cómo actuar en dos situaciones que
nos causan singular estrés como son la entrevista laboral y nues-
tra presencia ante un tribunal de justicia. Es de esperar que si en
estos escenarios somos capaces de salir indemnes en los demás
podamos manejarnos con soltura.

La obra tiene tres partes claramente diferenciadas, e incluso
independientes entre sí, por lo que podrás ir a una u otra según
tu interés circunstancial.

Para que puedas ir al grano he decidido comenzar la obra
entrando directamente en los antídotos para sobrellevar ese mo-
mento de las preguntas, sean estas más o menos cómodas. Según
lo ya avanzado, centraremos los ejemplos en cuatro escenarios
especialmente incómodos: la conferencia profesional, la entre-
vista o rueda de prensa periodística, la entrevista de trabajo y
cuando tengamos que prestar declaración ante un juez, pero to-

das esas técnicas tendrán su momento en las situaciones más mundanas de cada uno.

Por su rabiosa actualidad he añadido un capítulo específico con las singularidades referentes a los ataques a través de las redes sociales.

El objetivo último de esta parte es que tengas los antídotos, las herramientas, que te permitan gestionar preguntas incómodas y que en el caso de estar en situaciones poco amigables, incluso hostiles, y seas la diana de una pregunta envenenada no la utilices para socavar, con la eficaz herramienta de la respuesta inconsciente e irreflexiva, una credibilidad, honorabilidad y prestigio fruto de muchos años de esfuerzo, mimo y dedicación.

Para la creación de este apartado he entrevistado a médicos, abogados, empresarios, directivos, responsables de personal, abogados penalistas, fiscales, jueces e intelectuales. Además, también he contado con la opinión de asesores de comunicación, políticos y periodistas.

En la segunda parte del libro saltaremos de los antídotos para gestionar preguntas envenenadas a profundizar en los tipos de preguntas que puedes recibir y qué podrías esperar de cada una de ellas, los diferentes auditorios en los que puedes encontrarte, los motivos por los que normalmente no se prepara el turno de preguntas y un paso a paso sobre cómo deberías prepararte para cualquier escenario en el que sabes o crees que serás interpelado.

En la tercera parte nos centraremos en los motivos por los que deberías afrontar o no el turno de preguntas, el impacto que esta decisión tendrá en tu imagen pública, cómo influyen las emociones cuando recibimos una pregunta incómoda ante otras personas y la oportunidad o no de utilizar la mentira en estos escenarios.

En esta última parte, mi mayor aspiración es provocar reflexiones y ayudarte a crear interrogantes para que puedas sopesar opciones de actuación, siendo más consciente tanto de las consecuencias de la aceptación como de las de la evitación de preguntas y cómo va a influir tu preparación y tus emociones en tus respuestas.

Como no pretendo sentirme equidistante con las situaciones de riesgo, aunque no sean mías, en ocasiones me permitiré darte mi opinión. Será sincera, incluso alguna políticamente incorrecta, aunque, al fin y al cabo, no será más que un parecer.

En síntesis, lo que pretendo con esta obra es que los que lleguen hasta el final se sientan más competentes, seguros y tranquilos a la hora de afrontar situaciones en las que puedan ser objeto de alguna puya esperada o traicionera.

Si algún valor percibieses en estas páginas reside sobre todo en la generosidad y las experiencias de los profesionales entrevistados para documentarme. Espero haber sido capaz de transmitir siquiera una ínfima parte del inmenso caudal que percibí en estos grandes dirigentes, pero recuerda que las torpezas tienen la única paternidad de quien pulsa las teclas a través de su criterio personal.

¡Más madera!

PRIMERA PARTE

1

Puente sobre aguas turbulentas

Algunas fuentes de dudosa solvencia afirman que se hacen diariamente en el mundo más de 90 millones de presentaciones. Ni siquiera es posible especular cuántas preguntas incómodas se infiltran entre ellas y menos entre todos los ámbitos de la sociedad.

Sean las que sean, la innumerable legión de profesionales que a diario tienen que exponer sus productos, servicios, ideas, conocimientos o proyectos en aulas, salas de conferencias o de reuniones reconocen que sus pulsaciones se alteran cuando comienzan las preguntas del auditorio.

En mi experiencia, dos son los momentos de estrés máximo para el orador: el primero se da en el inicio de la exposición, el segundo cuando alumbra el turno de preguntas.

Es incuestionable, el momento de las preguntas es un momento de alto riesgo y, sin embargo, la técnica más utilizada para su gestión es cruzar los dedos y la encomienda a la buena fortuna que suele presidir gran parte de nuestras existencias.

Diría que sin excepción todos los libros, manuales y publicaciones existentes que ayudan a mejorar las habilidades para hablar en público tienen algún capítulo dedicado a ayudar al orador a sobreponerse y a lograr el ansiado y necesario autocontrol emocional, especialmente centrado en el inicio de la exposición, que es cuando nos sentimos más atribulados por la situación.

Sin embargo, y a pesar de que el momento de las preguntas seguramente sea en el que nuestra línea de flotación esté más expuesta, solo existen referencias menores y muy tangenciales al tema en cuestión.

Incluso los libros de la especialidad más reverenciados —como el escrito en los inicios del pasado siglo por Dale Carnegie, *Cómo hablar bien en público e influir en los hombres de negocios*; el clásico actual *Resonancia* de Nancy Duarte o el último aportado por uno de nuestros maestros nacionales, Manuel Campo Vidal, *¿Por qué los profesionales no comunicamos mejor?*— mencionan, cuando lo hacen —de forma laxa y casi siempre insustancial—, cómo gestionar las preguntas.

Quizá la excepción a las afirmaciones previas en la literatura castellana la constituya *Tus gestos te delatan*, donde Fran Carrillo dedica 16 de las 239 páginas —menos del 7%— de su obra al tema que nos ocupa.

En la lengua de Shakespeare tampoco hay mucho donde elegir. En este idioma es obligado citar la existencia de *In line of fire* de Jerry Weissman que, centrado en discursos y ruedas de prensa de presidentes estadounidenses —principalmente Bill Clinton y Bush padre—, aborda si no todas sí alguna de las áreas de esta obra.

En el momento de la conferencia, de una exposición o declaración, somos nosotros quienes guiamos y dirigimos el diálogo con los oyentes. En el turno de preguntas, en el famoso coloquio, es el momento de navegar en aguas turbulentas o, en el mejor de los casos, de hacerlo entre la niebla al no ser posible atisbar todos los escollos y bajíos que tendremos que sortear. La incertidumbre es parte consustancial de este singular momento.

La gestión de preguntas incómodas ante el cuarto poder es un lance aún más peliagudo. Por este motivo los políticos parecen haber contrapuesto al viejo adagio periodístico «no hay pregunta impertinente sino respuesta inadecuada», el propio «no permitas que una pregunta malévola destruya el esforzado trabajo de tu director de comunicación».

Como constatación de que el *Spain is different!* está muy superado demostraremos que no somos únicos y que seguramente el temor a la incertidumbre sea el principal motivo por el que se hayan impuesto las seudorruedas de prensa sin preguntas. Lo que decimos podemos controlarlo, pero lo que nos preguntan va a ser que no.

Bibliografía para ayudar a preparar ruedas de prensa y cómo gestionar las relaciones con los medios en situaciones de crisis hay mucha y variada, pero el enfoque de este libro en este ámbito está orientado a la rueda de prensa en la que surge una pregunta envenenada sin necesidad de una crisis concreta por medio, lo que incrementará las probabilidades de que no estemos preparados para esa lid.

Al margen de políticos y de profesionales, nuestra habilidad o torpeza para responder a preguntas incómodas nos afecta a todos y en todos los ámbitos de nuestras vidas. En cualquier momento podemos recibir saetas interrogativas que insuflen vitaminas en nuestro cortisol.[1]

En algo tan habitual como un proceso de búsqueda de trabajo, al aspirante se le activa la hormona del estrés cuando durante la entrevista personal se inicia el interrogatorio.

Todos los seres humanos tememos alguna pregunta sobre nuestra trayectoria profesional o vital. Todos sentimos debilidades personales que preferimos que permanezcan en el ámbito de nuestra intimidad, así que pensar que estas cuestiones puedan surgir en un escenario público provoca si no pánico por lo menos pudor.

¡A todos no! Siempre hay un porcentaje, parece que cada vez más significativo, de personas que no tienen problema en

---

1. Hormona que nuestro cuerpo libera en situaciones de estrés.

responder lo primero que les viene a la cabeza. Lo que puede acabar dándoles su minuto de gloria en programas televisivos de dudosa utilidad.

En una de las reuniones que tuve para poder escribir sobre las preguntas en los procesos de selección de personal, mi entrevistado me comentó que a la pregunta clásica de «dime algún defecto que tengas» la respuesta de uno de los candidatos fue algo parecido a «si soy sincero, soy de las personas más vagas y menos trabajadoras que conozco. No me gusta nada trabajar y solo lo hago por obligación».

Es posible que la respuesta te haya parecido honesta y quizá muchos pudieran asumir la declaración del aspirante, pero antes de imitarle en tu próxima oportunidad profesional debes saber que fue inmediatamente desestimado. En el capítulo destinado a cómo abordar las preguntas incómodas en el proceso de selección de personal profundizaremos con detalle en el motivo que justificó esta decisión.

Aunque la profundización psicológica podría ser mucho más cruel, las personas de respuesta irreflexivamente ágil suelen ser personas que exhiben públicamente un elevado autoconcepto, que se vanaglorian de su espontaneidad y que gustan declamar a diestro y siniestro el deseo de mantener algo que denominan su esencia, no les preocupa, por tanto, un ápice la opinión de los demás.

Hace algún tiempo, una persona me comentó una situación personal emocionalmente extrema que la llevó a comunicarse unos años, según su propia definición, «sin bragas». Expresión altamente descriptiva utilizada para afirmar que se relacionaba con el mundo sin filtro y sin temor al efecto que sus palabras pudieran tener en los escuchantes.

Si estás enmarcado dentro del párrafo previo, si te trae al pairo la opinión del resto de los miembros de tu comunidad o profesión, si crees que no necesitas puente alguno para cruzar las aguas turbulentas, si te gusta sentir la libertad de expresarte sin siquiera un pudoroso tanga... hazme caso, deja de leer. Nada podrá aportarte este libro más que hacerte perder el tiempo.

No lo dudes y pásale este ejemplar a uno de esos amigos con menos personalidad, más dudas y con más interés por integrarse en su entorno en un ambiente de cierta tolerancia, respeto, amigabilidad y confortabilidad.

Pásaselo a una de esas personas a las que les preocupa la imagen que los demás se lleven de ellos. A uno de esos profesionales a los que, siendo selectivos y capaces de elegir a los miembros del tribunal de sus vidas, la opinión de algunos de sus colegas, de algunos de sus clientes, pacientes o alumnos, de algunos de sus amigos y de parte de sus familiares les provoca una agradable satisfacción o una incómoda zozobra.

Si te importase la opinión de los demás, hazte consciente de que responder a preguntas inteligentes, incómodas o envenenadas exige ponerse unas buenas bragas —en ocasiones de felpa—, para construir respuestas que fortalezcan tu imagen, sea esta la que sea que hayas decidido crear.

Acabo de caer en este mismo momento en que la imagen de persona cáustica también se crea y alimenta, como nos enseñaron en su día Cela o Umbral o lo hace en la actualidad Pérez-Reverte, por citar solo algunos de los más reconocidos. Es posible que incluso para esta tribu este libro pueda ser de una mínima utilidad como el perfecto manual de lo que no deberían hacer para seguir cultivando su imagen pública.

Si bien más adelante nombraré nuevamente el libro *Annoyomics: el arte de molestar para ganar dinero* de Risto Mejide, en este momento lo hago para aclarar que este escrito no pretende convencerte de que no seas polémico, agresivo o ácido cuando así lo decidas. Lo que pretende es que esos adjetivos no sean provocados por una respuesta fruto del error, de la falta de preparación o de la ausencia de estrategia.

Todos hemos soltado en ocasiones alguna coz verbal para dejar las cosas en su sitio y para marcar las fronteras de nuestra paciencia; eso no solo es saludable sino que es importante hacerlo cuando sea menester para no convertirnos en marionetas en manos de los caprichos de los demás.

Lo que pretende evitar este libro son los accidentes. Los «¡si lo sé, no lo digo!», los tuits borrados y la necesidad de tener que pedir disculpas públicas por una impertinencia que acabas reconociendo como tal y arrastrando pesadamente, en los casos más públicamente notorios, para siempre.

Para caminar sobre aguas turbulentas necesitarás técnicas y herramientas que te permitan por un lado afrontar y preparar estos escenarios con ciertas garantías, y por otro antídotos para gestionar de la mejor manera posible las preguntas más incómodas, en el caso de que estas se produzcan.

Con sonda, sextante, brújula, sonar, radar y GPS construiremos el puente que nos permita evitar bajíos peligrosos, a la vez que hacemos oídos sordos a los cantos de sirenas que, en las ocasiones más turbulentas, se nos muestran con sonrisa naíf en el rostro e interrogante envenenado en los labios.

Veremos que una pregunta siempre es inofensiva. Lo único que puede llegar a ser realmente dañina es la respuesta. También que, si bien generalmente no podremos elegir las preguntas que nos hacen, siempre seremos los dueños de nuestras respuestas.

Vamos a por los antídotos...

2

Los 12 antídotos

Durante mucho tiempo el estudio de la psicología de la mente humana se circunscribió a los ámbitos patológicos de nuestras emociones. La ansiedad, el estrés o la depresión han llenado bibliotecas de teorías y estudios que intentan poner un poco de paz en la mente de las personas que pasan por trances que angustian sus existencias.

Además de continuar los estudios en las áreas menos agradables del estado mental, desde hace unas décadas y muy especialmente con el impulso, entre otros, del profesor Martin Seligman de la Universidad de Pensilvania, se puso muy en boga la llamada psicología positiva, de la que me declaro seguidor, aunque quizá un poco desleal.

No obstante, ser un optimista recalcitrante defensor de la psicología positiva no me convierte en un ingenuo que desconoce que hay escenarios en los que los conflictos de intereses con otras personas, organizaciones o colectivos puedan ponerme ante una pregunta incómoda que según la responda mi credibilidad quede indemne, se fortalezca o se vea mermada de forma relevante.

Hay momentos en los que podemos recibir preguntas que nos incomode escuchar. Algunas serán emitidas para ponernos en un brete y otras seremos nosotros solitos los que les otorguemos la etiqueta de envenenadas, con independencia de la intención del emisor.

Es más, es preciso asumir que hay asuntos en los que cualquier cosa que digas, incluyendo en esta definición no decir nada concreto, herirá sensibilidades: si te preguntasen en ciertos entornos si eres proabortista y respondes afirmativamente las herirás. Si respondes que no también y si no te defines no quedarás al margen de la estigmatización de los más radicales de uno y otro bando que, indefectiblemente, te situarán en el club de los adversarios o en el de los veletas despersonalizados.

Por otra parte, los caracteres más introvertidos y vergonzosos odiamos hablar de nosotros mismos o de los ámbitos que entendemos que están dentro de nuestra privacidad que, para nuestra puñetera desgracia, suelen ser prácticamente todos los que vayan más allá de preguntarnos la hora. Cosas que para los demás pueden ser nimias para el introvertido vergonzoso no lo son, lo que suele hacernos mucho más hábiles convirtiendo una pregunta en un ataque personal.

Las personas somos muy parecidas a la vez que muy diferentes. Todos sabemos que es muy difícil ponernos de acuerdo incluso en qué significa una simple palabra, no digamos hacerlo con un concepto o una idea compleja.

Entre los entrevistados para la redacción de este libro gran parte de los periodistas me dijeron que ellos no creían que existieran las preguntas envenenadas, sino las preguntas inteligentes que podrían envenenar el receptor con sus respuestas.

Por el contrario, uno de los colaboradores concluyó que no existían las preguntas inocentes, sino que debemos considerarlas todas envenenadas justamente por el mismo criterio: porque podemos emponzoñarlas con una respuesta inoportuna.

Después de no pocas vueltas y de validarla convenientemente, la definición de pregunta envenenada a la que he llegado es:

La pregunta que, en ocasiones con forma aparentemente casual, busca poner en entredicho la credibilidad profe-

sional, la ética personal o ambos valores de la persona
objeto de la pregunta, de algún compañero o colega o de
la institución a la que representa.

Además de por puro azar, en el ámbito profesional la pregunta envenenada suele darse en aquellos escenarios en los que hay conflictos de intereses entre diferentes posiciones técnicas o éticas. Por ejemplo, el enfrentamiento entre software comercial y libre en el mundo de la informática. También en los escenarios en los que la convivencia entre técnica y ética —como en el mundo sanitario o el jurídico—, pueden generar un cóctel de complicada digestión.

Algunas de las técnicas que expondremos se pueden utilizar en unos escenarios, pero en otros no serán tan convenientes o directamente improcedentes. Para no enfangar la redacción, aunque también haré precisiones al respecto, dejaré a tu libre criterio dónde deberías utilizar o no cada recurso ya que la casuística es infinita.

Por ejemplo, una reunión entre directivos, una entrevista laboral o un auditorio en el que tanto el conferenciante como los asistentes son colegas de profesión son escenarios mucho más benévolos y permisivos que un tribunal de justicia o una rueda de prensa con una autoridad política en la que los periodistas asumen el papel de adalides de la democracia.

Incluso ante los interlocutores más comprometedores, no es lo mismo la actitud que tiene el moderador de un debate televisado durante unas elecciones generales que la entrevista que le puedan hacer a uno de esos candidatos en un programa dominical vespertino.

El entorno marca qué recursos son permisibles y cuáles están fuera de lugar, cosa que tendrás que juzgar tú para cada antídoto, aunque algunos, como el del «aikidoka», son útiles casi en cualquier escenario.

El fin de un antídoto es contrarrestar los efectos nocivos de un veneno. A nuestros efectos la sustancia perjudicial será la pregunta y nuestra respuesta será el antídoto que sería lo que comúnmente conoceríamos como una técnica.

Algo que conviene sacar fuera del saco de las preguntas envenenadas son los ataques personales. En este caso lo mejor es siempre dejar claro que no toleraremos faltas de respeto porque una cosa es discrepar y otra adjetivar a las personas con las que no estamos de acuerdo. Cualquier falta de respeto es intolerable y el único antídoto que conviene en este caso es ser contundente en la defensa de las formas y la buena educación.

Recuerda que el sentido del humor es un auténtico superpoder y ante una situación incómoda o comprometida pocos antídotos te ayudarán más que este así que, siempre que el escenario lo permita, disfruta de él riéndote de la situación y de ti mismo a placer.

Además de los antídotos en sí, conviene conocer y profundizar en los recursos retóricos que nos aportarán más habilidad en la aplicación de los mismos y por ahí es por donde comenzaremos.

Primer antídoto: Sí, pero no

El mismísimo Aristóteles dedicó parte de su tiempo a analizar y clasificar las falacias llegando a identificar trece tipos. Con posterioridad al trabajo del gran divulgador de la retórica se fueron añadiendo decenas hasta llegar a los cientos que hoy se conocen.

En este capítulo me limitaré a acercarte las siete que me parece que te podrán ayudar en más escenarios, pero no tengas duda de que profundizar en este antídoto puede serte de gran rentabilidad en situaciones incómodas.

No tiene sentido para el fin de esta obra indagar en las vicisitudes históricas de la falacia, pero sí saber que Charles Hamblin determinó en 1970 en su obra seminal *Falacias* que una falacia «es un argumento que parece válido sin serlo», lo que evidentemente puede sernos de gran utilidad para los fines de este libro.

Para gestionar lo mejor posible preguntas envenenadas, me parece especialmente aconsejable dominar, por lo menos, siete falacias que te podrán sacar de muchos bretes.

1. **La falacia *ad hominem*:** es la falacia que se centra en desacreditar a la fuente cuando no somos capaces de desarbolar el argumento. Consiste en atacar a la persona o fuente emisora de la premisa cuando no encontramos razones de peso con las que destruir sus argumentos.

> **Dardo envenenado:**
> *Cariño, no deberías fumar porque es malo para tu salud.*

> **Antídoto «*Sí, pero no*»:**
> *Y tú deberías hacer más ejercicio, que estás engordando.*

En la Segunda Guerra Mundial los nazis atacaban la hipocresía norteamericana sobre la violencia contra los pueblos.

> **Dardo estadounidense:**
> *La violencia contra el pueblo judío es inhumana. Es un acto intolerable que no se le puede permitir al gobierno nazi.*

> **Antídoto nazi:**
> *Los estadounidenses afirman que la violencia contra los judíos es inaceptable cuando ellos prácticamente han aniquilado a todas las tribus precolombinas y han recluido a los supervivientes en reservas remotas.*

Es una falacia porque ataca a quien defiende un postulado, quizá con elevadas dosis de hipocresía, sin centrarse en el argumento en sí mismo.

2. **La falacia *ad ignorantiam*:** es la falacia por la que se mantie-
    ne la verdad o falsedad de un argumento porque no hay de-
    mostración de lo contrario.

> **Dardo:**
> *¿Existe vida en otros planetas?*

> **Antídoto «*Sí, pero no*»:**
> *Sí. Hay vida en otros planetas porque nadie ha podido demostrar que no la haya.*

Y lo contrario.

> **Antídoto «*Sí, pero no*»:**
> *No. No existe vida en otros planetas porque nadie ha podido demostrar que exista.*

Esta es una falacia muy utilizada en política para la defensa de escenarios que no se han podido constatar.

Por ejemplo, la defensa por parte de los partidos independentistas a su electorado de que separados del Estado al que pertenecen vivirían mejor es una falacia *ad ignorantiam* porque es algo que no se puede demostrar que sea falso ni que sea cierto.

> **Dardo:**
> *¿Por qué reclaman ustedes la independencia de Texas?*

> **Antídoto «*Sí, pero no*»:**
> *Porque los texanos viviríamos mejor si fuéramos un Estado independiente de los Estados Unidos.*

Podría ser parte de una falacia *ad ignorantiam* porque no existe la experiencia, por lo que no se puede constatar su falsedad.

3. **La falacia *ad baculum*:** es aquella en la que se utiliza la coacción o la mención a la fuerza como argumento. La voy a ilustrar con un ejemplo, dicen que histórico, acaecido entre Churchill y Stalin al respecto de unos consejos militares del papa Pío XII, durante la segunda guerra mundial.

> **Dardo Churchill:**
> *Deberíamos tener en cuenta las solicitudes del papa Pío XII respecto de algunas medidas a tomar.*

> **Stalin. Antídoto «*Sí, pero no*»:**
> *Y ¿cuántas divisiones dice usted que tiene el Papa disponibles para el combate?*

Es una falacia que solo es utilizable en escenarios en los que tengas la seguridad de que eres quien dispone de más divisiones. En caso contrario no tiene mucho sentido utilizarla salvo que quieras ir de farol.

4. **La falacia del hombre de paja:** se utiliza cuando se alteran los argumentos del interlocutor para acto seguido refutarlos como si fueran los suyos.

> **Dardo:**
> *Estarás de acuerdo en que en España las mujeres ganan por el mismo trabajo menos que los hombres.*

> **Antídoto «*Sí, pero no*»:**
> *Si en España los hombres tienen más oportunidades profesionales que las mujeres teniendo la tasa de desempleo que tenemos, eso solo significa que no hay oportunidades ni para los unos ni para las otras.*

En este caso, el antídoto pone en boca del dardo cosas que no dijo: que los hombres tienen más oportunidades que las mujeres para, acto seguido, atacar esa posición como si fuera la de su adversario.

5. **La falacia del error inverso:** se utiliza para inferir de una certeza consecuencias que no tienen por qué sucederse.

> *Si me quieres, entonces querrás estar junto a mí.*
>> *Estás junto a mí.*
>> *Por lo tanto, me quieres.*

Aun cuando las dos primeras premisas fueran verdaderas, la conclusión podría no serlo ya que cada día podemos estar con muchas personas a las que no nos una el amor.

Y, probablemente, las dos últimas falacias son las más utilizadas.

6. **La falacia de autoridad,** o *argumentum ad verecundiam:* es aquella en la que se utiliza la fuente como si esta fuera garantía de certeza absoluta.

> **Dardo:**
> *Si bajar los sueldos es malo para las personas, ¿por qué afirman que esta medida es buena para nuestro país?*

> **Antídoto «***Sí, pero no***»:**
> *Porque Europa así lo aconseja.*
>> *Porque el Fondo Monetario Internacional dice que es lo que tenemos que hacer.*
>> *Y porque la OCDE lo ha indicado a todos sus miembros.*

Con lo que se afirmaría de forma implícita que Europa, el FMI y la OCDE nunca se han equivocado en sus propuestas, indicaciones o directrices.

7. Y la última que vamos a exponer es la **falacia *ex populo*** que se da cuando apelamos a la multitud como fortaleza de nuestro argumento.

> **Dardo:**
> *¿Cree usted legítimo utilizar la violencia o saltarse las leyes que nos gobiernan para defender sus ideas?*

> **Antídoto «*Sí, pero no*»:**
> *Creo en la legitimidad de los millones de alemanes que salen cada vez que les convocamos a la calle clamando por una Alemania fuerte, libre e independiente que reclame los derechos que le han sido conculcados con la firma del Armisticio del 11 de noviembre de 1918.*

La historia ha demostrado con tozuda contumacia que no siempre la mayoría ha actuado defendiendo lo justo, lo ético o lo verídico, por lo que acudir a expresiones «es lo que opina todo el mundo», «no es que lo diga yo, es que lo dicen todos» y similares está buscando un argumento que no logra la idea por sí misma como ilustraron Galileo con su famosísimo «y sin embargo se mueve»[2] o Einstein cuando dijo «si estuviera equivocado con uno solo bastaría».[3]

---

2. La leyenda afirma que para salvar su vida estas fueron las palabras que pronunció Galileo ante el tribunal de la Santa Inquisición después de retractarse de su famosa teoría heliocéntrica.

3. Para intentar desacreditar las propuestas teóricas del genio judío, en 1931, científicos nazis publicaron un libro titulado *Cien autores en contra de Einstein*.

Como ya he comentado hay muchos tipos de falacias, si profundizas en ellas y estás atento podrás ver cómo los políticos, vivas donde vivas, son los garantes de la salud de la falacia en tu país.

¿Has visto cómo se finaliza un capítulo con una idea falaz?[4]

Segundo antídoto: La creación de alianzas

Venimos programados para cooperar. Las personas que promueven esa cualidad innata de los seres humanos tienen más facilidad para lograr sus objetivos que los lobos solitarios.

Los lobos solitarios pueden sobrevivir, pero sin duda es más eficiente la manada.

Dentro de nuestro ámbito de reflexión, el comportamiento más inteligente es intentar crear alianzas antes de que se inicie el turno de preguntas para que nuestros interlocutores tengan menos disposición a tratarnos como si fuéramos un lobo solitario y más para que nos consideren parte de su manada, aunque sea como simples omegas.

No se trata tanto de evitar el enfrentamiento, sino de ser selectivos con las batallas que valen la pena luchar. En ocasiones es mejor tener paz que tener razón.

En el capítulo de los tipos de auditorios profundizaremos sobre la idea de que en los escenarios más hostiles es donde más conviene crear alianzas. Veamos unas pautas sencillas sobre cómo crearlas en todos los ámbitos.

En una conferencia profesional ante un auditorio:

1. Días antes de tu charla, pídele a la organización que envíe a los inscritos en la conferencia un correo tuyo con una serie

---

4. Falacia *ex populo*.

de preguntas que te permitan conocer el auditorio y ajustar los contenidos a los intereses de la audiencia.

2. Solicita que las respuestas te las envíen a un correo tuyo para poder analizarlas. A los que te escriban, sean los que sean, respóndeles tú con algo personalizado para ellos según lo que hayan comentado en sus correos. En ocasiones, la organización no te permitirá hacer estos dos puntos iniciales porque les lleva un esfuerzo extra, pero cuando te lo permitan ya has comenzado a trabar alianzas antes del día de la charla.

3. Llega con tiempo al lugar en el que vas a dar la conferencia para poder pedirle a los organizadores que te presenten a algunos de los asistentes.

4. Antes de comenzar la charla, si el lugar y la organización lo permiten, recibe a los asistentes en la puerta del salón de actos. Salúdales a todos, uno por uno, presentándote, preguntándoles su nombre y agradeciendo su asistencia.

5. Muéstrate afable, cortés y accesible y si es tu carácter exhibe simpatía.

6. Los asistentes te dirán que van a la conferencia con la intención de aprender. Tú preséntate como un aprendiz que va a compartir y dispuesto a enriquecerse con la interacción que se cree con ellos y no como un experto que va a ilustrarles.

7. Abre el turno de preguntas recordando que estás allí para deliberar, no para debatir.[5]

8. Lleva a la práctica lo que has anunciado. No debatas, delibera. Si alguien tiene argumentos más sólidos que los tuyos reconócelo y cambia de opinión. Eso no te demeritará, sino que te fortalecerá ante los asistentes como argumentaremos más adelante.

---

5. En su momento profundizaremos en las diferencias entre debatir y deliberar y en su utilidad para nuestros intereses.

Con la prensa:

1. Si el escenario lo permite habla con todos los periodistas asistentes. Pregúntales de qué medios vienen y, si no los conoces, por sus nombres.

2. Disfruta del momento y, si la situación lo permite, sonríe todo lo que puedas. Muéstrate afable, cortés y accesible y si es tu carácter exhibe simpatía.

3. Interioriza que están haciendo su trabajo, nada de lo que hagan o pregunten será algo personal contra ti.

4. Seas quien seas, trátales como el cuarto poder. Si no lo haces, alguno puede desear recordártelo en su artículo.

5. Lleva preparado algún titular. Quizá no el que le gustaría al periodista, pero sí algo que justifique su asistencia a la rueda de prensa o entrevista.

En el juzgado:

Este es un escenario muy formal, con unos roles muy definidos, en el que un exceso de sociabilidad con las partes sería perjudicial para tus intereses ya que los jueces esperarán que te comportes como si estuvieras ante un tribunal de justicia, no en una reunión social.

1. Estás en un escenario de cierta solemnidad. Compórtate y vístete como la institución y la situación aconsejen. Sin excesos y sin faltas de respeto. Cuidado con mostrar soberbia o suficiencia y también con el victimismo o el histrionismo.

2. La alianza tiene que ser muy sólida entre tu abogado, tus testigos y tú mismo y es una relación que deberías haber trabajado mucho antes del día de autos. Tanto el primero como los segundos deberían querer con todo su ser que salgas con bien de la lid.

En la entrevista de selección de personas:

1. Trata a las personas de la recepción como si fueran consejeros delegados. Más entrevistadores de los que yo pensaba preguntan a los encargados de la entrada cuál ha sido su impresión sobre algún candidato que a ellos les gustó especialmente.
2. Estar en la entrevista ya es un logro. Te están dando la oportunidad de mostrarte, por lo que disfruta del momento y sonríe. Muéstrate afable, cortés y accesible y si es tu carácter exhibe tu simpatía, pero sin pasarse porque no estás en *El club de la comedia*.
3. Si el entrevistador es bueno no tendrás que preocuparte de mucho más ya que él se preocupará de crear un escenario amigable que permita que os acerquéis mutuamente.

La idea subyacente en crear alianzas es que si alguien tiene que ir a por ti a través de sus preguntas lo haga por obligación y no por devoción, y también que en caso de que finalmente el ataque se produzca los espectadores, en caso de haberlos, estén de tu lado y no del de tu atacante.

Tercer antídoto: Neutralizar al *destroyer*

Este es un antídoto exclusivamente para el ámbito del auditorio de las conferencias profesionales.

Aunque afortunadamente no muy frecuente, existe un perfil de asistente a conferencias que pareciese que su única razón de existir fuese para asistir a eventos públicos a intentar desacreditar al conferenciante. Sheldon Cooper, el protagonista principal de la famosa serie *The Big Bang Theory*, comenta en varios capítulos lo grato que le resulta ir a conferen-

cias de científicos famosos a reventárselas con preguntas en-
venenadas.

Según el momento en el que el *destroyer* actúe encontrarás
dos tipos: el que hace preguntas durante tu exposición de forma
extemporánea sin esperar al coloquio y el que espera al mismo
para lanzarse a tumba abierta contra ti o tus postulados inten-
tando desacreditaros a ambos.

En muy pocas situaciones te sucederá que mientras tú estés
impartiendo una conferencia alguien te interrumpa en plena di-
sertación con una pregunta u observación sobre algo que acabas
de exponer. Las veces que yo lo he visto siempre fue provocado
por una persona hostil con el conferenciante o sus tesis, nunca
para fortalecerle.

En caso de que lo que recibas no sea una pregunta sino un
comentario mordaz mi consejo es que continúes como si no lo
hubieras escuchado y si esto no fuese posible que lo hagas
comentando que en el coloquio todo el mundo podrá expre-
sar su opinión, continuando sin entrar en ningún debate sobre
su ataque.

> **Dardo:**
> *Vaya valoración que tienes de los profesores. ¡Cómo se nota que no tienes ni idea de su trabajo!*

> **Antídoto «neutralizar al *destroyer*»:**
> *No. No es esa mi opinión. Verás un poco más adelante que te has precipitado. Te ruego un poco de paciencia hasta la apertura del coloquio, momento en el que todo el mundo podrá expresar su punto de vista.*

Si recibes una pregunta que viene a cuento y puedes respon-
der neutralizando de forma inmediata lo que está sugiriendo, sin
entrar en un diálogo con el ofendido, puedes hacerlo. De esta

forma te lo quitas de la cabeza y puedes continuar con el asunto zanjado, pero lo peor que podrías hacer es, tanto si hace un comentario como una pregunta, entrar en un diálogo o debate que acabaría por arruinar tu conferencia.

Dardo pregunta:
¿Lo que has comentado sobre la valoración de los profesores es una opinión?

Antídoto «neutralizar al *destroyer*»:
No. No es una opinión. Es un dato recogido del último barómetro del Instituto Nacional de Estadística.

En alguna ocasión la pregunta se responde en los siguientes apartados de la conferencia. De ser el caso, exprésalo y continúa.

Antídoto «neutralizar al *destroyer*»:
Justamente, en las próximas diapositivas verás la fuente de la que he sacado la información.

En caso de que la pregunta exija una respuesta meditada dile al interlocutor que agradecerás todas las preguntas en el coloquio para así no perder el hilo de la charla y sigue sin más detenimiento. No le preguntes si le parece bien ni busques su aprobación no verbal porque le estarías dando una baza que no le corresponde y sus gestos de desaprobación podrían llegar a desestabilizarte.

Solo le informas de cuál va a ser tu proceder y continúas la disertación mirando hacia otro lugar del auditorio.

Cuando acabe mi exposición abriremos un coloquio. En ese momento responderé a todas las preguntas.

El inconveniente de esta técnica es que esa dichosa pregunta, en caso de ser realmente incómoda para ti, va a estar rondándote por las neuronas durante el resto de la charla, restándote capacidad a la exposición, pero es algo con lo que tendrás que lidiar.

Una vez llegue el turno de preguntas esta tendría que ser la primera que debieras acometer para que sea la primera en ser olvidada por el peso de las siguientes que probablemente serán más constructivas. Es mucho mejor empezar con una pregunta del *destroyer* que acabar el coloquio con él, ya que será el sabor de boca que quede.

Mi consejo sería que le pidieses al *destroyer* que expusiese nuevamente su duda o discrepancia ya que mientras hace otra vez la pregunta, luciéndose y pavoneándose ante el auditorio de lerdos que no fueron capaces de llegar adonde él llegó, ahora sí, tu capacidad cognitiva estará totalmente concentrada en darle la mejor respuesta posible.

Caso de ser una pregunta incómoda la técnica de la respuesta la encontrarás en los apartados siguientes de este capítulo.

En el caso de que el *destroyer* esperase al turno de preguntas e iniciase un ataque total, la mejor opción es la escucha humilde y serena que evite que desemboque en un enfrentamiento personal. En vez de ponernos a responder suele ser mucho más útil comenzar a hacerle preguntas hasta que llegues a una con la que cierres el asunto con un «parece que no vamos a ponernos de acuerdo. Gracias por tu participación. Siguiente pregunta, por favor».

Dardo:

Estoy en completo desacuerdo con todo lo que has dicho. Creo que nada de lo que has dicho se sostiene.

Cicuta o respuesta errónea:

Cada uno tiene su opinión. Siguiente pregunta.

Podría ser una respuesta válida, pero todo el auditorio se quedará con la idea de que has rehuido la cuestión, ya que no has querido profundizar en ello. Además, lo más normal es que sea una opinión muy minoritaria que se desacredita en la misma exposición.

> **Antídoto «neutralizar al *destroyer*»:**
> *¿Por qué dices eso? ¿En qué discrepas concretamente?*

De esta forma le obligas a entrar en harina y muestras que tú no rehúyes la situación.

Él: Pues en que…

Tú: [Acepta las críticas que consideres ciertas y profesionales recordando que nada es perfecto y que todo se puede mejorar.] *Todo es mejorable, pero ¿hay algo en lo que estés de acuerdo?*

Él: [Normalmente estará de acuerdo en algo, pero esto no es lo más importante, sino ir desactivándole y poder pasar a otra persona con elegancia.] *Sí. Estoy de acuerdo contigo en que…*

Tú: *Bien. Parece que hay algunas cosas en las que coincidimos y otras en las que discrepamos. Gracias por tus aportaciones. Siguiente pregunta, por favor.*

El *destroyer* tiene algo personal contra el mundo y contra ti por ser parte del mismo. Suele ser una persona irascible y suspicaz, rumiante de la ofensa, que no puede entender que no le llamen a él para dar las conferencias y que la gente sea tan necia como para atender a los postulados de unos personajes que, a su juicio, él puede desmantelar en un tris.

No se trata de que le des la razón en nada. Simplemente desactívale para que tenga su minuto de gloria y que puedas pasar a personas y preguntas más constructivas.

Si has aplicado bien el antídoto de la creación de alianzas percibirás su funcionamiento y eficacia a través de los gestos de desaprobación del auditorio hacia los ataques y las diatribas del *destroyer*.

Recuerda lo más importante de este antídoto: nunca entres en un diálogo, debate y menos en una discusión con el *destroyer*. Tú no estás allí de forma exclusiva para él, sino para la audiencia, por lo que nadie tiene derecho a erigirse en representante único y exclusivo de esta y tú no deberías darle a quien no lo tiene ese estatus, por mucha pasión que ponga en sus exposiciones o decibelios en sus preguntas.

Cuarto antídoto: Frenando que es gerundio

El día en el que Senén Barro, exrector de la Universidade de Santiago de Compostela, aprobó el carnet de conducir su padre le comentó que conducir era muy sencillo ya que solo tenía que aprender a parar el coche a tiempo.

Le pedí a Senén autorización expresa para nombrar esta anécdota porque me pareció que es un consejo que debemos tener muy presente cuando nos enfrentemos a una pregunta difícil: lo primero es saber si tenemos que responder o no a lo que nos están preguntando. Si no entra en nuestras atribuciones, si no nos compete, si podemos callar nuestra opinión, sin duda, esta será la mejor respuesta.

> **Dardo:**
>
> *Como directivo que es de una empresa referente, ¿qué opina usted del nombramiento del nuevo Papa?*

> **Cicuta:**
> *En este caso respondo a título personal ya que la empresa no tiene una posición oficial sobre este asunto, pero a mí me parece bien porque todo lo que sea que... [o...] estoy en contra porque en religión lo importante...*

Posicionarnos en un asunto que tiene connotaciones éticas y emocionales puede aportarnos seguidores, pero sin duda que también nos aportará detractores, así que si no tenemos claro en qué bando estamos —si es que debiéramos estar en alguno— opinar sobre cosas que no nos competen no es una buena estrategia de comunicación.

Sí. Quizá no sea muy original, ni lo pretendo, pero creo que un gran consejo es que no te empaches de micrófono y que evites responder cuando la pregunta no te corresponda a ti responderla. Es la mejor manera de no meterse en lodazales.

> **Antídoto «frenando a tiempo»:**
> *Yo no estoy aquí a título personal, sino como representante de una organización que como tal solo tiene criterio sobre sus productos y servicios. Discúlpeme, pero no tenemos posición alguna que expresar sobre lo que me está preguntando.*

Yo no defiendo la idea de que somos esclavos de nuestras palabras y dueños de nuestros silencios. Para mí, esta frase es como defender la hipocresía y la cobardía en el mismo alegato y aún por encima presumir de ello. Una parte no menor de los males de la historia de la humanidad han sucedido por los silencios ante situaciones que no deberían ser toleradas.

Lo que sí defiendo es que yo no tengo que dar mi opinión por el hecho de que a alguien se le ocurra pedírmela o valorar situaciones que se escapen de mi ámbito de responsabilidad o competencia en un escenario público y menos si soy el representante de alguna institución porque no soy yo quien a título individual debe opinar sino esta, haciéndolo con un posicionamiento oficial.

Especialmente a las autoridades en muchas ocasiones se les hacen preguntas que realmente no tendrían ninguna obligación de responder, pero como se ha creado la sensación de que tienen que tener opinión —aunque no necesariamente criterio— sobre todo, responden metiéndose en un jardín cuando ni tenían por qué ni deberían haberlo hecho.

Incluso en el caso de una empresa privada, opinar sobre cosas que nada tienen que ver con el fin de nuestra organización lo que hace es desviar la mirada hacia cosas que no fortalecerán la posición de nuestra empresa en el mercado. Tú estás cobrando para fortalecer la imagen de tus servicios, productos y empresa, no para dar opiniones sobre temas religiosos, deportivos o políticos.

En el primer ejemplo de esta técnica vimos cómo responder en el caso de que nos pidiesen opinión sobre algo que no traerte por qué opinar. A continuación, veremos otros escenarios posibles dentro del mismo ámbito.

Pregunta sobre algo que excede tus competencias:

Dardo:

Como empleado de esta organización, ¿qué le parecen los ataques que han aparecido en las redes sociales sobre la política de la institución?

Cicuta:

Claramente creo que es un error porque... o absolutamente de acuerdo porque...

Tomar partido en contra de la organización, sobre todo si esta desarrolla su actividad en el ámbito privado, puede traerte incómodas y graves repercusiones personales. Por contra, defender una posición con la que no estás especialmente de acuerdo, cuando este no es tu cometido profesional, tampoco tienes por qué hacerlo, salvo que el principio de lealtad te indicase que sí.

> **Antídoto «frenando a tiempo»:**
> *Esa es una pregunta que debería hacérsela a mi superior o a quien corresponda que desde luego no soy yo ya que, como técnico sanitario, mi cometido se circunscribe a...*

Si te piden la opinión de tu organización sobre un asunto sobre el que aún no existe un posicionamiento definitivo:

> **Dardo:**
> ¿Qué cree que decidirá el consejo de administración de la empresa sobre la deslocalización de la fábrica que poseen en nuestra región?

> **Cicuta:**
> *Pienso que no habrá problema alguno porque... o espero que la cerremos lo antes posible porque...*

En estos escenarios creo que el silencio es lo más adecuado. Mientras no haya un posicionamiento o decisión, lo mejor es no aventurar posibilidades ni generar falsas expectativas cuando no tengas fundamento cierto para ello.

> **Antídoto «frenando a tiempo»:**
> *Sobre ese particular nuestra institución está debatiendo en profundidad un asunto que tiene muchas aristas y en el que nos parece especialmente relevante no equivocarnos. Cuando tengamos una postura oficial la haremos saber, pero tengan por seguro que se tendrán en cuenta todas las sensibilidades y...*

Si te piden que especules con cuál sería tu postura si sucediese algo que no ha sucedido:

> **Dardo:**
> *¿Qué se hará con los puestos de trabajo en caso de que finalmente se produjese la deslocalización de la fábrica?*

> **Cicuta:**
> *Seguro que se hará lo mejor para todos ellos...*
> O ¡Ese no es mi tema! Eso lo llevaría el departamento de personal.

Lo mismo que en el ejemplo anterior. El adelantarse a los acontecimientos no es algo a lo que estés obligado por ley. La especulación pública no tiene por qué estar entre tus responsabilidades.

> **Antídoto «frenando a tiempo»:**
> *Discúlpeme, pero yo no me dedico a la adivinación ni a gastar energía en esos menesteres. En este momento estamos analizando toda la información para tomar la mejor decisión posible y...*

Si te piden que anticipes una información que quien pregunta sabe que tienes, pero que no debieras compartir en ese momento:

> **Dardo:**
> *Jefe, ¿es cierto que la empresa va a presentar un ERTE[6] la semana que viene?*

---

6. Expediente de Regulación Temporal de Empleo.

Cicuta:

No. Es absolutamente falso...

   Sí. La semana que viene lo comunicamos. ¡No digas nada! [El mejor modo de que algo se haga viral dentro de una organización.]

Existen momentos en los que uno tiene que mostrar por qué tiene una información que no tiene todo el mundo. Un ejemplo muy habitual e ilustrativo es el de los casos bajo secreto sumarial: no nos parecería especialmente acertado que un juez ande por los platós dando rienda suelta a su boca floja.

Antídoto «frenando a tiempo»:

No puedo responder a este tipo de preguntas. Existen unas formas y unos procedimientos que, por mi cargo, soy el primero en estar obligado a salvaguardar y por tanto a respetar. Cuando llegue el momento en el que se pueda hablar de esto se hará con transparencia, en público y con la profundidad requerida.

Una advertencia. Lo más habitual es que las personas que se metan en el jardín de empacharse de micrófono sean aquellas que sean considerados por los demás, y se consideren a sí mismos, buenos comunicadores y que, por lo tanto, se relajen excesivamente confiando en que sus habilidades oratorias le permitan salir indemnes de cualquier situación.

Recuerda que prudencia no es sinónimo de cobardía, como imprudencia no lo es de valentía y que según Aristóteles la única cualidad que debería de exigírsele a un gobernante —lo ampliamos a directivo en nuestro caso— es ser una persona prudente.

En todo caso, evita el empacho de micrófono porque es de las digestiones más pesadas que se conocen y pocos beneficios te aportará que tu entorno te atribuya la cualidad de bocazas.

Quinto antídoto: Lo desconozco

Cuando yo aún utilizaba el cinturón para que no se me cayeran los pantalones, coincidí en los consejos de administración de una entonces muy reconocida empresa gallega de tecnología con José María Castellano Ríos, quien pasará a la historia como la otra parte del binomio artífice del milagro INDITEX. Cada vez que en algún consejo poníamos a Caste en el brete de pedirle su opinión sobre algo a lo que él se acercaba en ese momento por primera vez respondía «sobre este asunto no tengo ni la información ni el conocimiento como para tener criterio, por lo que tampoco tengo opinión».

Resulta que yo, que era un recién llegado de 25 años, me consideraba obligado a responder a todo lo que se me preguntaba mientras que el cuarentón catedrático, en aquel momento consejero delegado, después vicepresidente, que estaba levantando uno de los conglomerados empresariales más importantes del mundo decía que no tenía criterio ni opinión.

Gracias, Caste, por una lección que me acompañó durante el resto de mi vida.

Hay un tipo de pregunta que yo no incluiría dentro del ámbito de las envenenadas, pero como gran parte del resto de la humanidad las clasifica de esta manera, así lo haré. Son aquellas preguntas de las que desconocemos su respuesta.

Seguramente como a ti, a algunos de mis entrevistados les ha sucedido que, a pesar de ser grandes profesionales, en un momento dado recibieron una pregunta en la que se les reclamaba un dato concreto y en el mismo instante en que la recibían se dieron cuenta de que deberían saber la respuesta, pero la desconocían.

Mi consejo es que actúes de la misma forma que hicieron ellos: admite que deberías saberlo, reconoce que no lo sabes y si tienes alguna razón admisible para justificarte exponla y, si el entorno lo permite, mófate un poco de ti mismo, pero sin magnificar tampoco el error.

Imagínate que eres la máxima autoridad del Ministerio de Fomento y en una conferencia que das en una ciudad alguien te pregunta algo que deberías conocer, pero como no has preparado bien las preguntas te han pillado.

> **Dardo:**
>
> P. *Señora ministra de Fomento, ¿cuánto va a invertir su Ministerio este año en nuestra comunidad?*

> **Cicuta:**
>
> R. *Como saben, este año estamos haciendo un especial esfuerzo presupuestario en esta región. La cifra es, por tanto, realmente muy significativa, con un crecimiento anual superior a la media de las inversiones en el resto del Estado.*

Esta respuesta es más inconveniente que reconocer que no se sabe porque los oyentes percibirán que desconoces el dato —aunque no estén totalmente seguros les generarás desconfianza—, pero que te estás escaqueando. Para más inri, en el caso de que se demuestre que tus afirmaciones no se ajustan a la realidad el descrédito será inevitable.

> **Antídoto «lo desconozco»:**
>
> R. *Escuchando su pregunta me doy cuenta de que debería poder responderle, pero lo cierto es que en este momento no puedo hacerlo con seguridad. Apúnteme un punto negativo, por favor.*

Estás reconociendo que deberías saberlo, pero que no lo sabes, por lo que no estás eludiendo tu responsabilidad en el asunto.

Si puedes, aporta alguna razón del motivo por el que no te acuerdas en ese momento.

> *R. En las reuniones con el ministro de Hacienda barajamos varias cifras, pero con los últimos cambios presupuestarios a los que nos obligó la Unión Europea tengo dos o tres cifras en la cabeza y no quiero aventurarme a darles una información inexacta.*

Para acabar con el compromiso de resolver el desaguisado lo antes posible.

> *R. Tan pronto acabemos llamo al ministerio y les remito la respuesta correcta por correo electrónico.*

Obviamente, no vas a quedar bien con los atribulados ciudadanos de esa zona ante quienes estarías demostrando una total falta de sensibilidad para con sus problemas, pero estarías minimizando los daños, que serán muy superiores si das una cifra al tuntún y después se demuestra que te habías equivocado.

Con la contestación mediante el antídoto de reconocer que lo desconoces se te podrá acusar de insensible, pero con la respuesta evasiva primera estarías perdiendo credibilidad, lo que a mi juicio es lo peor que le puede pasar a un profesional.

En el ámbito menos político y más profesional, lo de comprometerse en una conferencia a responder con posterioridad es algo que recomiendo hacer con mucha mesura. Personalmente solo me comprometería si realmente estoy dispuesto a realizar la investigación que me va a exigir la cuestión y no siempre se da esta circunstancia ya que, en ocasiones, la pregunta es muy tangencial o claramente alejada de mis áreas de interés, estudio e investigación.

Es decir, solo me comprometo si realmente la pregunta a mí me parece que está en mi ámbito competencial. En caso contrario no, porque estaría dando la impresión de que desconozco la respuesta de algo que debería saber, cuando lo cierto es que desconozco algo sobre lo que no tengo interés, lo que es radicalmente diferente.

Si estuviéramos impartiendo una conferencia, otra opción posible sería, reconociendo que desconoces la respuesta —o no, porque no siempre tienes que verbalizarlo—, enviar la pregunta al auditorio volviendo a repetir la pregunta en voz alta para asegurarnos de que ha sido escuchada por todos. Es decir, buscar la colaboración de los presentes para responder a esa pregunta de la que tú desconoces la respuesta.

> R. El compañero comenta que ha escuchado que los erizos de mar tienen propiedades afrodisíacas y pregunta si hay estudios serios que lo corroboren. ¿Alguien tiene información fresca al respecto?

Esta opción no va a ser oportuna ante los periodistas o ante un juez, pero cuando es posible me parece una buena opción ya que transmitirás seguridad —no te importa reconocer tu desconocimiento del asunto en cuestión— al tiempo que humildad —estás dispuesto a aprender de todo el mundo, incluso de quienes han ido a escucharte a ti—, lo que siempre fortalece la imagen personal.

Si alguien conoce la respuesta agradece su intervención y si nadie la sabe cierra el asunto con un encogimiento de hombros, una sonrisa cómplice y un «siguiente pregunta, por favor».

Hay una pregunta tipo que es el desconocimiento por factor de tiempo. Es decir, todas aquellas preguntas que se hacen dentro de un marco temporal en el que claramente no estamos obligados ni siquiera a estar enterados de que ese suceso ha tenido lugar:

> **Dardo:**
> P. ¿Qué le parecen las declaraciones que ha hecho la primera ministra de Suecia sobre Corea del Norte hace seis minutos?

> **Cicuta:**
>
> *R. La primera ministra de Suecia siempre ha sido una persona muy acertada en sus reflexiones...*

Todavía no sabes qué ha dicho y es posible que haya sido una metedura de pata, pero lo peor es que estarías haciendo todo lo contrario de lo que José María Castellano exponía como consejo en los primeros párrafos de este capítulo. Estarías dando la impresión de que siempre estás dispuesto a opinar sobre todo.

> **Antídoto «lo desconozco»:**
>
> *R. Desconozco las declaraciones de la primera ministra al respecto. Cuando las lea, entienda el contexto en que las pronunció y analice si procede hacer algún comentario por nuestra parte podré responder a su pregunta. Gracias.*

De esta manera estás respondiendo con profesionalidad al interlocutor e informándole que esta va a ser tu forma de proceder en el futuro.

Y claro, como no puede ser de otra manera, una posible forma de salir del brete es inventarnos directamente una respuesta que nos parezca plausible aun cuando no tengamos seguridad de que esta sea la cierta. Esto, de hacerlo, debe hacerse con seguridad y contundencia y no con dudas verbales o no verbales que iluminen la pillería.

Por supuesto, solo deberías utilizar la creatividad inventiva si crees que el auditorio es tan lego en el asunto en cuestión que se va a tragar lo que les cuentes sin más.

Un escenario en el que tengo la percepción de que se utiliza esta técnica de forma profusa es el de las tertulias radiofónicas y televisivas de todos los ámbitos, y no estoy pensando solo en los programas de frivolidades vespertinas, sino también en los matutinos pretendidamente rigurosos.

Tenía que escribirlo para que veas que no soy un ingenuo, pero también tengo que aconsejarte que no lo hagas.

Si, por el motivo que sea, alguien se da cuenta de que estás desarrollando tus dotes creativas en directo te habrás situado en la acera del bluf —según el *Diccionario de la lengua española (DLE)*: «Persona o cosa revestida de un prestigio falto de fundamento»—, posición desde la que se antoja complicado levantarse.

No seré yo quien reniegue de la creatividad como recurso útil que es, pero el hacerlo cuando es innecesario y ante un nutrido grupo de personas me parece, como comentaremos detenidamente en el capítulo específico de la mentira, un riesgo demasiado elevado.

Tildo el riesgo como innecesario porque, en el caso de que seas un profesional con cierta trayectoria, serás capaz de distinguir entre pecados veniales y pecados mortales. En dicha posición, reconocer que se desconoce un tema concreto no solo no tiene que demeritar al interpelado, sino que las más de las veces le fortalecerá.

Todos estamos obligados a tener un alto dominio de nuestra actividad profesional: hay cosas en las que debemos estar al día, pero salvo que estés dando tus primeros pasos en un área de conocimiento, no deberías tener dudas de que si algo no sabes, eso que desconoces, es un pecado venial y no uno mortal.

En ocasiones me preguntan si leí el libro tal o cual de comunicación, de persuasión o de liderazgo y yo respondo siempre la verdad, lo que en muchas ocasiones significa tener que dar una negativa. Es imposible que nadie se haya leído todo lo publicado de los asuntos mencionados.

Otra cosa es que te pregunten si has leído *La ventaja competitiva de las naciones* de Porter, *Los siete hábitos de la gente altamente efectiva* de Stephen Covey, *Cómo ganar amigos e in-*

fluir sobre las personas de Dale Carnegie, *El arte de la retórica* de Aristóteles, *Influencia: la psicología de la persuasión* de Robert Cialdini o *Inteligencia emocional* de Goleman y digas que no. O que presentándote como experto en inteligencia emocional reconozcas que no sabes quiénes son Salovey y Mayer que, aunque son generalmente desconocidos para el gran público, están reconocidos por la comunidad como los grandes investigadores de la especialidad.

Es decir, si eres un buen profesional tienes que tener la tranquilidad de que si te hacen una pregunta de la que desconoces la respuesta dicho desconocimiento no te está inhabilitando ante la audiencia porque nadie, ni siquiera tú, sabe todo de absolutamente nada y cuando lo que desconoces es un dato puntual ya hemos comentado cómo deberíamos de responder a esa cuestión.

En todo caso, solo la soberbia nos pone la mochila de tener que saberlo todo de algo, ya que somos muy conscientes de que no es eso lo que exigimos de absolutamente nadie en ninguna especialidad, por lo que exigírnoslo a nosotros mismos y mentir para ocultar que no es cierto solo es una muestra de la grandeza que puede llegar a tener nuestra arrogancia.

Como todo en la vida, cuidado con el abuso de esta técnica porque responder a todo que me acabo de enterar por los medios de comunicación tampoco va a favorecer nuestra imagen ni nuestra credibilidad.

Sexto antídoto: Evasión y victoria

En 1898 Sirbert Ganser caracterizó un síndrome que tomó su apellido y que se significa por responder a las preguntas de una manera llamativa, aproximada, en ocasiones sin sentido. En el

DSM-V[7] está incluido dentro de los trastornos disociativos no especificados.

En nuestro idioma, el genial Cantinflas sustrajo el mérito al señor Ganser logrando que su apellido se convirtiese en el verbo que caracteriza una forma de respuesta disparatada e inconexa que en España le intentó disputar dignamente Antonio Ozores.

Como tu clarividencia te habrá significado, parte de los políticos del mundo están aquejados bien del trastorno de Ganser, bien de su afición a declinar el verbo *cantinflear* cuando la situación lo requiere.

La respuesta evasiva es una técnica así que, como tal, tiene su hueco; y aunque sea la más utilizada en el día a día, he de decir que no suele ser del agrado ni del emisor ni de los receptores.

Ciertamente, hasta quienes la han utilizado con profusión afirman que es un recurso que les hace saber que no estaban bien preparados y sienten que han tenido que salir de la situación como han podido, pero no les hace sentirse especialmente brillantes.

Como todas las técnicas tiene una estructura que, en este caso, consiste en dar la impresión de que se está respondiendo a lo que se ha preguntado, pero estaríamos saliéndonos por peteneras. Es decir, no se niega la pregunta para, en un momento dado de la respuesta, hacer un giro hacia otro lugar en el que nos sumergiremos de forma profusa y así los tiempos vayan jugando a nuestro favor.

El giro puede ser temporal o argumental, aunque ambos son conocidos como irse por la tangente o por los cerros de Úbeda.

El giro temporal consiste en acceder al pasado intentando dar la imagen de que lo que se está intentando es aclarar o poner en valor los antecedentes para entrar, con posterioridad, en una respuesta que exige unas muy oportunas aclaraciones previas.

---

7. DSM son las siglas en inglés de la publicación que edita la Asociación Estadounidense de Psiquiatría para clasificar las patologías de la mente. En el año 2013 se publicó la versión número 5 que tomó la designación latina V.

En algunos escenarios técnicos, complejos o no, el interrogado puede querer hacer una labor pedagógica con la pregunta para ilustrar al gran público. A nuestros efectos, lo importante es si al final acaba respondiendo a la pregunta concreta que se le ha hecho o si va liando la madeja para evitar su respuesta.

Siguiendo con la analogía temporal, sería como responder con la historia del reloj o de la medición del tiempo a quien nos haya preguntado la hora.

> **Dardo:**
> *P. La oposición afirma que su Gobierno ha gestionado de forma pésima la situación económica del país y a la vista de las últimas encuestas parece que la ciudadanía no está en desacuerdo. ¿Qué tiene que decir sobre la gestión de la más importante crisis del país en lo que llevamos de siglo?*

> **Cicuta:**
> *R. Bueno quizá los acontecimientos nos sorprendieron a todos los gobiernos y no solo al nuestro, pero estamos poniendo todos los esfuerzos para salir lo antes posible de la situación...*

Esta respuesta sería una torpeza porque no solo reconoce nuestro error en la valoración del escenario, sino que no aporta una estrategia clara de resolución de la situación lo que transmite que no la tenemos.

> **Antídoto «evasión y victoria»:**
> *R. En este asunto los antecedentes son absolutamente determinantes, es relevante que recordemos cómo hemos llegado hasta aquí. En un mundo muy, muy lejano...*

No afirmo que sea muy elegante, solo que es útil y por eso se utiliza tanto. También he de decir que a los periodistas les pone de los nervios y alguno afirma ponerse más agresivo cuando detecta que le están intentando torear con evasivas.

El giro argumental es idéntico al temporal salvo que en vez de acceder al pasado de la situación el avispado interpelado va yendo hacia otro asunto que, sin ser ajeno al caso, es tangencial al mismo. Este giro intenta crear una coartada intelectual para salirse del enfoque que tiene la pregunta para ir hacia un encuadre más conveniente.

Obviamente, el interpelado nunca vuelve a la pregunta inicial y habitualmente intentará enrollarse de forma extensa en una cierta táctica diseñada para enmarañar la situación, a la vez que se va consumiendo el tiempo disponible para el interrogatorio y así poder salir lo antes posible del jardín.

Desde un punto de vista retórico esta técnica se denomina *falacia de la pista falsa*. Buscamos desviar la atención hacia un tema adyacente intentando esconder nuestra debilidad en el asunto en cuestión.

Dardo:

P. Señora Rodríguez, ¿son ciertas las declaraciones del exbecario, señor Fernández, en las que afirma que mantuvieron relaciones íntimas en el despacho presidencial cuando usted ya era la máxima autoridad del país? ¿Es cierto que el ADN encontrado en la ropa interior del susodicho le pertenece?

Cicuta:

R. Es completamente falso.

Esta respuesta solo sería una torpeza si fuese una mentira, como brillantemente ilustró el cuadragésimo segundo presidente de los Estados Unidos.

Antídoto «evasión y victoria»:

R. *Lo que tengo que decir es que, en ocasiones, las personas despedidas por su falta de competencia profesional pueden ser capaces de elucubrar las más absurdas teorías para dar rienda suelta a su propia frustración.*

Si bien al principio el señor Fernández mostró competencia en su ámbito, cuando se le pidió que acometiese funciones más ambiciosas... [En este punto la interpelada puede optar por seguir hablando, por ejemplo, de los motivos por los que quien la acusa no tiene crédito y así consumir el tiempo disponible para preguntas o por zanjar el asunto en cuestión.] *Tengo mucho trabajo y no tengo tiempo para frivolidades. Adiós.*

En el ejemplo anterior, la respuesta busca echar una cortina de humo sobre la cuestión yéndose hacia la credibilidad de la fuente —falacia *ad hominem* de libro—, que es un tema tangencial a la pregunta, intentando dar la impresión de que no se ha rehuido la situación, pero sin responder a las acusaciones concretas vertidas en la pregunta.

Una evasiva argumental muy extendida entre la clase política consiste en **ir de lo genérico a lo concreto y viceversa,** según aquello que más le beneficie en cada momento.

De lo concreto a lo genérico:

Dardo:

P. *Señor ministro, ¿qué valoración hace del crecimiento del número de desempleados durante el mes pasado?*

Cicuta:

R. *No creo que sean tan malos. Hemos reducido la destrucción de empleo con respecto al mismo mes del pasado año.*

Con esta forma de responder estamos exponiendo nuestro conformismo con un dato negativo que tiene repercusiones directas e importantes sobre las personas afectadas.

> **Antídoto «evasión y victoria»,** *de lo concreto a lo genérico:*
> *R. Históricamente este mes siempre ha sido malo para el empleo. No obstante, la tendencia anual, que es realmente la que importa al ser la que marca la evolución, está siendo claramente positiva, lo que expresa una senda positiva que nos refuerza en nuestra estrategia y en las medidas adoptadas...*

Con la primera parte de la respuesta se enmarca mejor para nuestros intereses la pregunta y con la segunda se da el mensaje de que en realidad estamos yendo por un camino mejor que el previo.

De lo genérico a lo concreto:

> **Dardo:**
> *P. Señora ministra, ¿cómo valora la caída interanual de afiliaciones a la Seguridad Social?*

> **Cicuta:**
> *R. Este mes siempre ha sido malo para las afiliaciones a la Seguridad Social.*

Afirmo que es una respuesta torpe por los mismos motivos que los expuestos en el ejemplo anterior.

> **Antídoto «evasión y victoria»,** *de lo genérico a lo concreto:*
> *R. Lo fundamental es que en este mes estamos asistiendo a la creación neta de empleo lo que demuestra que las medidas acometidas están resultando efectivas...*

Con esta respuesta estarías resituando el contexto reduciendo en parte lo negativo de la situación.

Otro tipo de evasiva habitual es **la reformulación de la pregunta.** Si bien no son interrogantes, fíjate en estos dos mensajes:

- *Cariño, esta relación es demasiado exigente, pero te quiero mucho.*
- *Cariño, te quiero mucho, pero esta relación es demasiado exigente.*

En el primer caso nos están diciendo que a pesar de todos los obstáculos que nos encontremos en la relación estamos dispuestos a pelear por ella. En el segundo nos anuncian el hartazgo de la contraparte e invitan a hacer las maletas.

En comunicación el orden de los factores altera completamente el resultado.

Reformular una pregunta con un pequeño cambio en su expresión puede mejorar enormemente el escenario.

Si lo vas a hacer, suele ser mejor hacer la reformulación mental que no la verbal buscando que el interrogador y los oyentes crean que te has equivocado al interpretar la cuestión.

En este escenario la comunicación no verbal tiene que transmitir una ausencia total de incomodidad con la pregunta. Incluso tranquilidad y mucha seguridad, ya que en ningún caso sientes que hayas recibido una pregunta incómoda.

Ser capaz de asumir un papel de cierta ingenuidad puede sacarnos de muchas situaciones espinosas.

En su libro *In the line of fire*, Jerry Weissman pone un ejemplo de reformulación sobre cómo responder a preguntas envenenadas de un posible inversor que recojo literalmente.

- *P. Hay docenas de pequeñas* start-ups *que hacen lo mismo que intentan ustedes poner en marcha. Luego están las gran-*

des empresas que tienen una posición dominante en el mercado. ¡Hay una auténtica jungla ahí afuera y su empresa está en pañales! ¿Cómo diablos piensan que pueden sobrevivir?
– R. ¿Cuál es nuestra estrategia competitiva? Le explico...

De esta forma se anula gran parte de la carga negativa de la pregunta, que no son más que opiniones personales, para poder centrarnos en una respuesta que deberíamos llevar muy bien preparada.

> **Dardo:**
> P. En un mundo ultracompetitivo en el que el trabajo es un bien escaso, en el que los puestos de trabajo se crean solo en busca de una rentabilidad económica inmediata, ¿cómo pretendes sobrevivir y crear un hogar estudiando teatro en una academia que ni siquiera tiene reconocimiento académico alguno?

> **Cicuta:**
> R. La formación que imparte esta academia de teatro está muy bien valorada en la industria.

Es un error porque quien hace la pregunta de esta forma ni siquiera considera la posibilidad de que el teatro pudiera ser una industria.

> **Antídoto «evasión y victoria»,** *reformulando la pregunta***:**
> R. ¿Cómo voy a convertirme en un actor reconocido? He analizado las líneas maestras de cómo llegaron a convertirse en actores de teatro tan demandados José Sacristán, Héctor Alterio e incluso el genial Laurence Olivier. Te explico mi plan, papá...

La reformulación de la pregunta de esta forma resitúa el contexto completamente dando por hecho de que ha habido y hay muchas personas que son capaces de tener una vida muy saneada en el mundo del teatro y que, además, el interpelado ha analizado sus trayectorias e incluso que tiene un plan que está dispuesto a compartir.

En las ruedas de prensa con políticos la reformulación justificada por el momento o por el acompañante puede llegar a ser total y sin intención de ocultación hacia un tema que el interpelado decide, unilateralmente, más acorde con el momento.

Ejemplo de **reformulación basada en el escenario**:

> *P. Señor presidente, ¿qué tiene que decir sobre las últimas declaraciones del extesorero de su partido en el que afirma tener pruebas de que su organización creó una trama de financiación ilegal y que usted era conocedor y beneficiario de dichas actuaciones?*

> *R. Lo que tengo que decir es que nuestros ciudadanos han hecho un gran esfuerzo para poder estar hoy aquí inaugurando este tramo del AVE que es ejemplo y fruto de la cooperación entre diferentes administraciones...*

En los escenarios en los que hay un dirigente o invitado de otra institución la respuesta pudiera ser:

> *R. Lo que tengo que decir es que es un gran honor tener hoy aquí con nosotros al máximo representante de esta gran institución con la que hemos diseñado tantos proyectos exitosos y con la que esperamos fortalecer nuestros lazos de cooperación.*
> *Especial ilusión me produce poder hablarles de esa gran idea que...*

Un punto importante de esta técnica y de todas las que buscan evadir la respuesta es que el reloj corre a favor del interpelado. Es decir, el tiempo, como bien finito y escaso, corre a favor de quien busca evadirse y en contra de quien pretende cazar. La expresión popular «salvados por la campana» alude justamente a este punto en el que en el último momento nos libramos de algún mal.

Un error muy habitual que debes evitar cuando estés utilizando esta técnica es buscar la aquiescencia del interpelante preguntándole si le has respondido a su pregunta.

Desde un punto de vista psicológico lo que estarías haciendo es intentando firmar la paz en público con quien te haya lanzado la pregunta envenenada. Personalmente me parece una táctica peligrosa, ingenua e innecesaria.

Si has evadido la respuesta, buscar la aprobación del inquisidor solo demuestra que sabes que no lo has hecho o, como mínimo, que tienes dudas sobre si lo has hecho, a lo que sumarás una cierta debilidad de carácter. Además de ser un movimiento de altísimo riesgo ya que en no pocas ocasiones el aludido niega la colaboración y constata su insatisfacción con la respuesta lo que provoca que te sientas obligado a pedirle que la vuelva a formular y vuelta a empezar.

Si te pareció que el dardo venía envenenado, si sabes que has sido evasivo y que no has respondido, no busques la colaboración del interrogador y salta a un contundente «siguiente pregunta» mirando para otra zona del auditorio.

Si estás ante periodistas, ten en cuenta que les disgusta de forma especial que el interlocutor utilice las evasivas ya que entienden que, sobre todo en el caso de los servidores públicos, el interpelado está obligado a responder. Algunos incluso declaran ser más inquisitivos con quienes se atreven a utilizar las evasivas en sus respuestas.

En general, responder de forma evasiva es algo que, según he podido constatar, no nos gusta en exceso. Cuando las utilizamos no sentimos que estemos fortaleciendo nuestra imagen. Aunque seguramente todos las hemos utilizado en alguna ocasión, no es algo de lo que nos sintamos especialmente orgullosos, independientemente de la utilidad que nos hayan podido prestar en un momento dado.

Las evasivas poco van a fortalecer tu imagen personal. Lo más que harán es dejar en evidencia tu cintura dialéctica lo que, dependiendo del escenario, restará —o no tanto.

Por ejemplo, en un proceso de selección de personal ante una pregunta muy rebuscada que nadie esperaría, la utilización de una evasiva no tendría que tener efectos negativos sobre tu credibilidad. Por el contrario, en caso de que te hiciesen una pregunta de las esperables en estas situaciones y te fueras por la tangente estarás demostrando que no has preparado bien la entrevista y si no preparas correctamente algo en lo que deberías tener un interés tan elevado, ¿cuánto se supone que vas a preparar tu trabajo diario en la empresa?

En el entorno judicial las evasivas son muy negativas. Incluso mis fuentes me han asegurado que en los juicios civiles y mercantiles el juez puede tomarlo como una confesión, lo que no hace muy aconsejable irse por las ramas en este escenario. En el ámbito jurídico recuerda que tienes derecho a no responder a cualquier pregunta que te hagan. También que los jueces están especialmente preparados para no prejuzgar tu silencio. Es decir, ellos no van a llegar a la conclusión de que «quien calla otorga», como seguramente le sucedería al resto de la humanidad, pero ten en cuenta que las evasivas pueden acercarte a la sentencia que estás intentando evitar.

Sin embargo, hay escenarios en los que está más que justificado utilizar evasivas.

Cuando en los hospitales de España fallece alguien que pueda ser considerado donante útil se desencadena un proceso complejo para intentar que esa desgraciada circunstancia ayude a salvar las vidas de algunos receptores que esperan una segunda oportunidad.

Una cosa en la que solemos pensar poco es que para poder ser donante válido el fallecido no podrá ser un nonagenario que llega más o menos tranquilamente al final de su devenir, sino todo lo contrario, por lo que sus personas más allegadas estarán en un momento del máximo estrés emocional.

Antón Fernández ha sido durante muchos años el coordinador de trasplantes de una de las instituciones más internacionalmente reputadas en la especialidad, el Complejo Hospitalario Universitario de A Coruña, y cuando le entrevisté me comentó que una pregunta habitual que les hacen los parientes del fallecido es qué órganos le van a sacar al difunto.

Responder de forma directa a la pregunta no será ni lo más emocionalmente sensible para el afectado familiar, que difícilmente podría sustraerse a representar en su mente la escena, ni lo más efectivo para lograr la ayuda esperada por los receptores. Hay escenarios en los que no responder de forma concreta y directa a lo que se nos pregunta está mucho más que justificado.

Dardo:
P. ¿Qué órganos quieren sacarle a mi esposa? ¿Los ojos también se los quitarían?

Cicuta:
R. A su edad solemos utilizarlos todos y, efectivamente, sus ojos están en buen estado.

Es imposible que el oyente no imagine mentalmente los ojos de su persona amada, lo que puede poner la donación en un riesgo muy alto.

Antídoto «evasión y victoria»:
R. Su pregunta no tiene respuesta en este momento. Tendríamos que hacer las pruebas necesarias y para eso necesitamos su autorización. Lo que puedo garantizarle es que vamos a intentar que su esposa salve al mayor número de vidas posible y que esta desgraciada situación ayude a otras personas...

Esta respuesta podrá aportar un mínimo consuelo a los familiares del potencial donante al darle un cierto sentido al desafortunado desenlace.

Guillermo Vázquez, el director de la subdirección de sistemas de la información del mismo hospital que Antón, me comentó que desde un punto de vista ético las evasivas podrían estar justificadas en situaciones que tengan repercusiones emocionales benignas y no son aceptables en los escenarios racionales. Es decir, la evasiva podría ser aceptable si quien la utiliza lo hace para proteger o ayudar emocionalmente a un tercero y no debería ser utilizada cuando se busca un interés personal directo.

En todo caso, si quieres evitar las evasivas la mejor forma de hacerlo es haber preparado muy bien las posibles preguntas y tener una respuesta que, aunque no sea muy buena, por lo menos no genere más incertidumbre.

Séptimo antídoto: *De profundis*

En ocasiones podemos argumentar que el tema es demasiado profundo como para responderlo adecuadamente con el poco tiempo del que disponemos.

Obviamente esta técnica, como las demás, tiene su momento y escenario. En los ámbitos profesionales puede incluso reforzar nuestra imagen al no asumir una posición frívola ante un asunto serio o controvertido.

Pongamos el ejemplo del coloquio con un reputado profesional de la medicina en el colegio profesional de tu ciudad en la que un periodista especializado interviene para hacerle la siguiente pregunta:

Dardo:

P. De todos es sabido que usted es jefe de uno de los servicios más relevantes en el hospital de referencia de nuestra ciudad, pero que también desarrolla su labor en el ámbito privado, por lo que tiene una visión de conjunto que podría ser muy ilustrativa para nuestros lectores y quizá también para los presentes. ¿Está usted de acuerdo en los movimientos de privatización de los servicios no sanitarios dentro de la sanidad pública?

Cicuta:

R. Tengo claro que la sanidad funcionaría mucho mejor si lo público se circunscribiese al ámbito exclusivamente sanitario y que se externalizase todo lo demás...

Supongamos que el profesional de nuestro ejemplo piensa exactamente lo que expresa la respuesta.

Supongamos también que el interpelado es plenamente consciente de que cuando salga publicada su opinión en los medios de comunicación con toda probabilidad tenga una huelga en su servicio de todo el personal no sanitario, con el potencial apoyo de algunos de sus colegas sanitarios.

Supongamos también que sus declaraciones perjudicarán el ambiente laboral de un equipo que se enfrentará entre partidarios y detractores de tal declaración pública.

Supongamos, finalmente, que sea una persona ética que no quiera irse del colegio profesional con su ego a salvo, pero habiendo causado un gran perjuicio a su servicio y a sus pacientes y que tampoco quiera irse con la sensación de haber mentido.

Antídoto «de profundis»:

> **Antídoto «*de profundis*»:**
> El tema que propone con su pregunta es muy amplio y complejo y para poder siquiera acercarnos adecuadamente al asunto necesitaría de un tiempo del que no disponemos para tratar el asunto con la seriedad que se merece. Siguiente pregunta por favor.

En mi opinión, esta es la técnica que tendría que haber utilizado el señor González, entonces consejero de Sanidad de la Comunidad de Madrid, durante la llamada *crisis del* ébola *en España*, cuando la prensa le inquirió sobre la forma de actuar de la señora Romero y él especuló sobre una ocultación de información en su proceder.

> R. Estamos hablando de un tema de la máxima repercusión social en el que no ayudaría que yo me pusiera a especular sobre la actuación de la señora Romero. En este momento estamos trabajando para salvar la vida de quien ha puesto la suya en riesgo por ayudar a los demás como hacen cada día los sanitarios de toda España y para que esta situación esté controlada lo antes que sea posible. ¡Siguiente pregunta!

El darle profundidad a un tema, sobre todo en momentos de crisis, puede darnos credibilidad al alejarnos del ámbito de la especulación y de la frivolidad.

De hecho, algunos políticos con experiencia utilizan muy bien esta técnica cada vez que en una crisis afirman que hay que dejar trabajar a los técnicos o a los jueces.

Como hemos visto con el primer ejemplo, esta técnica es especialmente útil cuando uno tiene una opinión contraria a la generalizada en algún tema socialmente sensible, pero en el que tampoco quiere caer en la hipocresía de apoyar las tesis contrarias a su propio pensamiento.

Estamos en un momento en el que las redes sociales han logrado que cada ciudadano se haya convertido potencialmente en un censor con el derecho de atacar, las más de las veces sin necesidad alguna de respeto mediante, a cualquiera con quien discrepe. Especialmente si este va a contracorriente del pensamiento dominante.

Ciertamente, algunas personalidades como Arturo Pérez-Reverte o Juan Manuel de Prada han hecho de su rebeldía y pensamiento divergente un estilo de vida, pero eso es algo que solo las personas con una gran libertad, en todos los aspectos, suelen permitirse.

Si estás entre quienes pueden ir por libre: enhorabuena.

Para el caso contrario:

> R. Este es un asunto de la máxima complejidad y con muchas aristas que me exigiría un tiempo del que no disponemos para que pudiera exponer de forma correcta mi opinión, que además no sería en absoluto relevante, así que pasemos a la siguiente pregunta.

Aunque sea cierto en muchas ocasiones, una forma poco recomendable de utilizar esta técnica es trasladar la idea de que no se puede responder debido a que el auditorio no tiene el conocimiento suficiente para entender la respuesta.

> **Dardo:**
> P. ¿Por qué en una situación tan delicada están haciendo esto antes que aquello?

> **Cicuta:**
> R. Gustosamente le respondería, pero antes tendría que explicarle por qué, según la normativa UNE, en un plan de contingencia el procedimiento es lo más sagrado y no tenemos tiempo para ello...

Ergo, ustedes son los lelos y yo el entendido por lo que escuchen, acepten y callen.

La respuesta ideal ya la hemos expresado en los ejemplos anteriores.

> *R. Este es un asunto de máxima complejidad técnica que para responder con rigor me exigiría un tiempo del que no disponemos en este momento. Pasemos a la siguiente pregunta.*

La idea sería que la culpa la tenga la falta de tiempo que se necesita para aclarar los antecedentes, no la falta de conocimiento del receptor.

Octavo antídoto: el bumerán

Hace algún tiempo, en una conferencia en la que clausuraba unas jornadas de diversidad en el entorno educativo una persona comentó, en pleno desarrollo de mi charla, en voz alta y no de muy buenos modos, que los datos que yo estaba presentando estaban fuera de contexto ya que correspondían a la sociedad estadounidense y que la realidad nacional no tenía que parecerse a la que yo estaba exponiendo. Fue un claro ejemplo de *destroyer*.

Como hasta ese momento había logrado generar un ambiente muy cercano y positivo no lo tomé como una agresión, pero es poco frecuente que en un auditorio abarrotado alguien interrumpa al conferenciante poniendo en duda sus datos antes del coloquio.

Los datos que yo mostraba ponían en valor la aportación a la sociedad del colectivo presente. Si yo hubiera azuzado al auditorio contra esa persona creo que a la impulsiva congresista unos cuantos asistentes la hubieran despellejado.

Yo no lo hice ya que, según mi particular filosofía, lo vi como una oportunidad para mostrar mi elegancia. También porque la siguiente diapositiva justamente mostraba los datos nacionales —los datos de la sociedad norteamericana solo los exponía para constatar que lo que intentaba demostrar era algo global—, lo que arrancó una carcajada general, incluyendo la comprometida de la mordaz comentarista.

Igual que cuando utilizas el antídoto *lo desconozco* cuando no sabes la respuesta y solicitas la ayuda del auditorio, una forma de responder puede ser dar la impresión de que quieres hacer partícipe al auditorio y pasarle la pregunta al mismo con un simple «¿qué opináis vosotros? ¿Cuál es vuestro parecer al respecto?», dejando que alguien se manche las manos de sangre por ti para posteriormente pasar a la siguiente pregunta.

Vamos a seguir con el ejemplo del jefe de servicio de hospital.

Dardo:

P. De todos es sabido que usted es jefe de uno de los servicios más relevantes en el hospital de referencia de nuestra ciudad, pero que también desarrolla su labor en el ámbito privado por lo que tiene una visión de conjunto que podría ser muy ilustrativa para nuestros lectores y quizá también para los presentes. ¿Está usted de acuerdo en los movimientos de privatización de los servicios no sanitarios dentro de la sanidad pública?

Cicuta:

R. Tengo claro que la sanidad funcionaría mucho mejor si lo público se circunscribiese al ámbito exclusivamente sanitario y que se externalizase todo lo demás...

Ya hemos dicho en el capítulo anterior que esta respuesta podría tener muchas repercusiones muy negativas en el servicio que dirige y en el hospital en el que desarrolla su labor.

Antídoto «bumerán»:

R. Es un asunto sobre el que desde mi posición actual debo mantener una postura de cierta distancia, pero me consta que en el auditorio hay personas que podrán ilustrarnos con su reflexión. ¿Alguien quiere opinar?

Con esta técnica nada nos garantiza que alguien defienda nuestras tesis, pero por lo menos nosotros podremos salir indemnes de la situación.

Este antídoto, como todos, se puede hacer bien o se puede hacer mal.

La forma de aplicarlo mal es que mientras el interpelante tiene el micrófono en la mano, sin pausa ya digas: «¿Quién quiere responder a esta pregunta?», lo que podría provocar que el inquisidor de forma inmediata apostille: «No, no. Perdona, pero quiero conocer lo que piensas tú, no el auditorio. Gracias.»

La forma de hacerlo bien sería mirándole sonriendo y de forma tranquila y relajada, como quien tiene una buena respuesta, desviar la mirada hacia otras personas a la vez que te vas desplazando despacio por la sala hacia otra ubicación —lo normal es que el inquisidor ya haya devuelto el micrófono a la persona que se lo cedió— para decir algo como:

R. Pues mira. Lo que yo pienso es que [silencio melodramático]... Lo que yo pienso es que después de una conferencia de casi una hora hablando, a mí lo que me gustaría es escucharos y saber qué pensáis vosotros. ¿Quién quiere responder a la pregunta del compañero?

En este momento ya tienes que estar mirando por el auditorio buscando a algún voluntario que quiera responder.

Obviamente, en caso de que nadie responda, deberías pasar a algún otro de los antídotos de este libro para salir del brete.

Las evasivas basadas en la reformulación pudiera ser una opción a tener en cuenta.

Una variante es dirigir directamente la pregunta a alguien del auditorio que sepas o creas que tiene criterio al respecto. La comunicación no verbal de las personas nos va dando muchas pistas y es sencillo ver quién tiene una mirada poderosa que entraría a este tipo de reto intelectual y quién no lo haría nunca. En este caso sería tan sencillo como:

> *R. Luis, tú que sé que tienes más criterio que yo al respecto, ¿te apetecería responder a esta pregunta?*

Si tú te has esforzado en ganarte la simpatía del auditorio creando alianzas te garantizo que será muy habitual que alguno de los presentes despelleje al interfecto por ti.

En ambos casos, después de la respuesta del auditorio podemos seguir con un «no tengo nada más que añadir», «totalmente de acuerdo», «ya tenemos otra opinión» o lo que la respuesta del asistente que intervenga nos sugiera para pasar, sin más dilación, a la siguiente pregunta.

Párate a pensarlo y verás cómo este antídoto se utiliza mucho en las redes sociales. Cuando alguien ataca en un sinsentido agresivo y chabacano a una personalidad o marca suelen ser los propios usuarios de la comunidad quienes responden al avinagrado trol, lo que deja al aludido el bonito papel de solo tener que mostrar su elegancia.

Es un antídoto que, como todos, te puede gustar más o menos. Yo lo he visto hacer y puede ser muy efectivo. Incluso he de confesar que lo he hecho en alguna ocasión y que me salió bien, pero siendo honesto no me gusta y procuro no hacerlo porque he llegado a la conclusión de que no es un proceder muy elegante.

De una forma u otra estás metiendo a terceros en un charco en el que tú no quieres chapotear, por lo que ante quienes lo detecten no quedarás muy bien y ante ti mismo quedarás de listillo, pero quizá no sea la imagen de ti mismo que más te entusiasme tener.

No es de caballeros, ni de damas, ni de líderes carismáticos, meter a personas desprevenidas y bienintencionadas en el lodazal que no queremos para nosotros mismos.

Noveno antídoto: *Vanitas vanitatis*

Parece ser que Manuel Fraga afirmaba que para ser político debías estar dispuesto a desayunarte un sapo cada mañana. Este es un antídoto solo al alcance de los aparatos digestivos más potentes porque exige tener el autocontrol de permitir que se luzca quien crees que ha querido desprestigiarte, lo que no está a la altura de todo el mundo.

Es un antídoto solo apto para los entornos profesionales y, como el del bumerán, completamente inútil e inconveniente ante periodistas o jueces.

La técnica consiste en devolver la pregunta envenenada al majo que te la ha lanzado.

Vamos a seguir con el escenario sanitario de esa persona que está de acuerdo con la privatización de algunos servicios, pero que no quiere exponerse reconociéndolo públicamente. La pregunta se la hace un médico en el salón de actos de un hospital público.

> **Dardo:**
>
> *P. Estimado colega, ¿estás de acuerdo en los movimientos de privatización de los servicios no sanitarios dentro de la sanidad pública?*

> **Antídoto «*vanitas vanitatis*»:**
>
> *R. Soy un clínico, no un gestor. No obstante, es un tema que seguro que puede suscitar el interés del auditorio y en el que parece que tú has profundizado mucho más que yo. ¿Cuál es tu opinión al respecto? Te agradecería que nos ilustrases, por favor.*

En no pocos momentos esta respuesta hará que el atacante perciba que ha llegado el momento de brillar ante sus colegas, por lo que se pondrá a exponer su diatriba.

Si a pesar de la utilización de este antídoto insistiese en que él lo que quiere es conocer tu opinión y no exponer la suya, puedes zafarte de dos maneras.

La primera es basarte en tus palabras previas para negarte a responder:

> *R. Como he dicho es un asunto que no me es ajeno, pero en el que no he profundizado suficientemente como para sentirme cómodo hablando de ello y no creo que sea una cuestión con la que convenga frivolizar. Siguiente pregunta por favor.*

La segunda, acudir a *santa Evasiva* y crear una respuesta de compromiso:

> *R. Es muy aventurado dar una respuesta sin más. Antes tendríamos que definir qué es atención sanitaria y qué es no sanitario. Por ejemplo, en algunos estudios se habla de que atención sanitaria es todo personal que lleve una bata, pero en otros se limita a la labor médica y de enfermería. En algunos hospitales públicos está subcontratada la cocina y en otros es pública y además recuerdo que Hipócrates decía...*

Pensemos en un escenario más mundano. Una persona de esas que no tiene la discreción como una de sus virtudes te pregunta públicamente sobre la pareja de un compañero de trabajo con quien te llevas muy bien. Aclaremos que la persona aludida es de esas poco afables que suele generar un elevado rechazo en sus relaciones personales.

Dardo:

P. Soy un cotilla, ¿qué te ha parecido el comportamiento de la pareja de González el otro día en la fiesta de la empresa?

Cicuta:

R1. Pues me ha parecido una persona entrañable y muy interesante.

R2. ¡Impresentable! No entiendo qué le ve González y cómo puede convivir con una persona de ese tipo.

Con la primera respuesta, si no es verdad y es manifiestamente contrario al sentir generalizado, quedarás como un hipócrita.

Con la segunda respuesta puede que estés diciendo lo que piensas, pero si González es importante para ti este tipo de juicios de valor no van a sumar en vuestra relación, que puede verse seriamente comprometida en caso de llegar a sus oídos que has expresado tal opinión.

Antídoto «*vanitas vanitatis*»:

R. Debo tener alguna patología pendiente de diagnóstico porque yo no tengo primeras impresiones, no soy capaz de decir nada de una persona hasta que no la conozco durante un tiempo.

Sin embargo, detecto que tú sí eres de esas personas capaces de tener una primera impresión ¿qué te pareció a ti?

En realidad, la respuesta correcta sería acabar en el primer párrafo ya que con el segundo probablemente logres que el atacante acabe tragándose un poco de su propia medicina, pero estarías causando un perjuicio a los aludidos no presentes, lo que te hace partícipe de una felonía totalmente innecesaria.

Llámame malévolo, pero este antídoto, en los escenarios en los que no hay implicación de terceros que puedan salir perjudicados, yo lo aplico sin ningún remordimiento y si el inquisidor acaba él solito suicidándose con la añagaza que tenía preparada para mí no me sentiré mal por ello, sino todo lo contrario.

Darle su minuto de gloria al vanidoso suele ser una acción muy inteligente que en bastantes casos funcionará porque se basa en regar un ego necesitado de admiración fútil, pero suele provocar un alto rechazo intestinal. Es un recurso solo al alcance de los profesionales con mayor capacidad de autocontrol.

Décimo antídoto: ¡Sin comentarios!

El famoso «*no comment!*» que Pujol en sus mejores tiempos sustituyó por el «¡ahora no toca!».

Este antídoto se basa en reconocer directa y francamente que no estás dispuesto a entrar en ese asunto.

Sea la fórmula que sea, casi todos los periodistas que entrevisté me reconocieron que no les gusta que les digan que su pregunta no es oportuna o que no se la quieren responder. Es más, como con las evasivas, suele ser un acicate para insistir con más vehemencia por ese camino.

Ellos afirman que les va en su profesionalidad valorar el escenario y la actualidad informativa y saber si una pregunta toca o no; y que lo que suele suceder es que la autoridad quiere zafarse de su responsabilidad de tener que dar unas muy oportunas explicaciones a la ciudadanía sobre sus actos.

No es por contradecir a mis amigos de *la canallesca,*[8] pero imagino que los periodistas satíricos y del corazón también responderían lo mismo si les preguntásemos sobre la oportunidad de sus preguntas y si así fuera siempre tocaría cualquier cosa en cualquier escenario a único criterio de la valoración e interés personal del reportero.

En todo caso, admitir que una pregunta no se quiere responder es algo que ya transmite mucho, por lo que yo aconsejo utilizar esta técnica con escasez y procurando que cuando decimos *¡no toca!* sea porque efectivamente así es y no porque no me interese a mí responder, que es de lo que realmente se quejan los periodistas.

En el ámbito personal pueden ser aún peores las consecuencias, como ilustro con una anécdota no sé si verídica, pero creo que sí factible, que pueda sucederles a las personas más casquivanas después de uno de sus muchos momentos de pasión.

Dardo:

P. Cariño, ¿tú me quieres?

Cicuta:

R. ¡Sin comentarios! Eso no toca durante el pitillo. Además, me había olvidado de decirte que hoy tengo que irme rápidamente porque tengo que llevar al perro al veterinario.

Reconocer que no se quiere responder es, en sí misma, una respuesta que está aportando mucha información.

Los gabinetes de comunicación del ámbito sanitario viven en una crisis de comunicación permanente porque cualquier hecho, por la especial sensibilidad de la información que tratan, es susceptible de convertirse en la portada de los periódicos del día

---

8. Denominación burlesca a la vez que cariñosa que se aplican los periodistas entre sí.

siguiente. Sus profesionales siempre les piden a los periodistas que se ciñan al asunto de la convocatoria al no querer eclipsar con otros el tema por el que fueron citados.

Conseguir la credibilidad ante los medios exige que si, al margen de esa convocatoria o acto concreto, los periodistas quisieran hacer otro tipo de preguntas, los profesionales sanitarios se mostrarán accesibles en otro momento para ello. En caso contrario, el periodista entenderá que solo tiene esa oportunidad para resolver sus inquietudes y como tal la aprovechará.

Si optas por este antídoto puedes enlazarlo con el antídoto «*de profundis*», aclarando que es un tema demasiado complejo para el tiempo disponible.

> **Dardo:**
> P. *¿Qué tiene que decir de quienes le acusan de haber promovido en su organización una competitividad que imposibilita la conciliación laboral con la familiar?*

> **Cicuta:**
> R. *¡Sin comentarios!*

En sí misma es una respuesta que está levantando muchas sospechas sobre la certeza de la acusación.

> **Antídoto «sin comentarios»:**
> R. *Para responder a esa pregunta, sin dejar en el aire interpretaciones especulativas, necesito un tiempo del que no disponemos, por lo que no toca hablar de eso en este marco. Siguiente pregunta, por favor.*

En esta respuesta no te limitas a decir que no vas a responder, sino que expresas tus motivos para no hacerlo en ese momento, lo que deja abierta la posibilidad de hacerlo en otro.

Pujol, cuando se sentía con poder, buscaba la eficacia comunicativa siendo cortante con los periodistas. Hoy en día este antídoto tiene, por lo menos en Europa porque en Estados Unidos Donald Trump está validando con cierto éxito un estilo alternativo, un alto coste mediático y social.

En los escenarios en los que sea posible y lo es en casi todos, con excepción de aquellos en los que existan personas gravemente afectadas, en vez de utilizar una fórmula muy formal acudir al humor suele ser más efectivo, a la vez que se logra la connivencia del auditorio y en muchas ocasiones del preguntón.

Esta técnica puede ser útil incluso ante periodistas y en entornos formales, pero susceptibles de ser relajados mediante nuestra actitud.

> **Antídoto «sin comentarios»:**
> *R. Pero vamos a ver hombre, ¿cómo me hace usted esa pregunta si sabe que no se la puedo responder? Siguiente pregunta…*

Esta respuesta debería ir acompañada de un sonrisa suave y mirada condescendiente.

En entornos profesionales entre colegas de profesión o ante periodistas de temas más laxos como los deportivos o similares podemos incluso ir un paso más allá.

> **Antídoto «sin comentarios»:**
> *R. ¡Hala! ¡Hala! ¿Adónde vas? ¡Anda que no te has pasao de frenada hoy con la preguntita! Siguiente pregunta…*

Con una sonrisa amplia y expresión jocosa.

Igual que la anterior solo entre colegas de profesión, compañeros de trabajo y escenarios no oficiales.

> **Antídoto «sin comentarios»:**
> R. ¡A ver! ¿Qué te he hecho yo para que me preguntes estas co-
> sas? ¿Tú quieres que me echen de la profesión? S.O.S. Siguiente
> pregunta...

Acompañado de una sonrisa muy amplia y expresión diver-
tida.

Como has visto, estas respuestas socarronas deben hacerse
siempre con cara afable, alegre y una sonrisa picarona apoyada
por gestos o movimientos de cabeza que trasladen un cierto dis-
frute por la situación. Deberías tomártelo como si fuese un juego
entre niños en los que uno intenta pillar al otro, pero ambos se
divierten con la situación.

Cuando utilices el humor, nunca traslades que te sientes
ofendido, incomodidad y mucho menos ofensa o animadversión.
El sentido del humor es muy efectivo porque traslada un mensa-
je de cierta invulnerabilidad y seguridad personal al ser capaz de
tomar distancia con tus propias situaciones.

Contrariamente a lo expresado por los legionarios del cuar-
to poder, el resto de los profesionales suelen considerar que cada
uno es libre de gestionar sus tiempos y de decidir cuándo quiere
o debe responder a una pregunta y cuándo no.

Undécimo antídoto: a la gallega

Existe un tópico que dice que nunca se sabe si un gallego sube o
baja, que yo creo que no es más que eso, pero como algunos de
los no gallegos que entrevisté afirmaron que es algo que noso-
tros no vemos, porque lo llevamos en el ADN, he decidido utili-
zar mi sagrado gentilicio para ilustrar este antídoto.

Por si fuera poco, mientras construía esta obra, Arturo Pé-
rez-Reverte publicó un artículo en la revista *XL Semanal* titula-

do «El farmacéutico gallego»,[9] ilustrando una experiencia personal en Santiago de Compostela que abundaba en esta característica galaica, por lo que vamos a aceptar pulpo como animal de compañía... ¡Y de mesa!

Este antídoto consiste en responder a la pregunta envenenada con otra que resitúe el contexto hacia un paraje más acorde a nuestros intereses. Es decir, no estamos contestando a la pregunta, sino que estamos abriendo un escenario alternativo con una pregunta que nosotros mismos formulamos cuando se espera de nosotros una respuesta.

> **Dardo:**
> P. Señor diputado, ¿qué opina usted de la imputación del Secretario general de su partido?

> **Antídoto «a la gallega»:**
> R. ¿Qué opina usted de una democracia sin presunción de inocencia? ¿Cree usted que sigue siendo democracia?

Lo que se intenta en el ejemplo con el antídoto «a la gallega» es poner en valor el pilar básico en una democracia de la presunción de inocencia.

> **Dardo:**
> P. ¿Te parece bonito salir el viernes con tus amigas y dejarme solo?

> **Antídoto «a la gallega»:**
> R. ¿Te parece sana una relación en la que uno no confíe en el otro y en la que ambos no tengan su espacio personal?

9. Pérez-Reverte, A. «El farmacéutico gallego». Zenda libros [Internet], 6 de noviembre de 2017. Recuperado de: http://bit.ly/2hJxS3o

En este ejemplo el antídoto es magnífico ya que hace ver a la pareja que no puede haber una buena convivencia sin respeto y libertad para las partes.

> **Dardo:**
> *P. ¿Le parece bien la sanción que le han puesto a la asociación de vecinos por utilizar* Los Pajaritos *en una fiesta para la tercera edad?*

> **Antídoto «a la gallega»:**
> *R. ¿Cree que un país sin artistas, sin intelectuales y sin creadores puede llegar algún día a ser considerada una sociedad avanzada? ¿Le parece bien que en nuestro país el 99% de los autores no puedan vivir de su trabajo?*

En esta situación quien responde está intentando exponer la motivación que hace que sea imprescindible pagar por la utilización del trabajo de los artistas sin valorar si la asociación de vecinos se merece la sanción o no.

> **Dardo**
> *P. Señora presidenta, ¿qué opina sobre la absolución de la infanta?*

> **Antídoto «a la gallega»:**
> *R. ¿Qué opina usted sobre las autoridades que intentan influir en el trabajo de los jueces a través de sus declaraciones? Y ¿qué opina sobre las autoridades que opinan de las sentencias? En democracia, cuando la Justicia dicta sentencia se aplica ¡y punto!*

Lo que pretende en este caso la técnica es resituar el escenario para darle más relevancia al principio de respeto a las sentencias que a la opinión que uno pueda tener sobre una en particular.

> **Dardo**
>
> *P. ¿No crees que haber sido despedido de tu anterior caja de ahorros por negarte a vender preferentes es un problema para optar a un puesto en nuestro banco?*

> **Antídoto «a la gallega»:**
>
> *R. ¿Buscan ustedes directivos cuyo único principio sea la búsqueda del enriquecimiento personal o aquellos que además tengan ética?*

Creo que ya ha quedado suficientemente ilustrado el antídoto, pero lo importante en este punto es que entiendas que las probabilidades de que tengas una ocurrencia oportuna y certera son las que el azar decida. Como veremos en los capítulos posteriores, el haber preparado adecuadamente las preguntas te permitirá tener ese cartucho en la recámara para soltarlo cuando corresponda. Si no necesitas sacarlo nunca, mucho mejor.

Un escenario en el que este antídoto es especialmente válido es en el turno de preguntas de una conferencia profesional, ya que hacer preguntas al auditorio siempre es una forma de implicarle y de hacerle partícipe en el desarrollo del evento.

Por último, aunque este antídoto lo haya bautizado con mi gentilicio preferido, responder de esta forma no deja de ser una forma de evasiva, así que además de tener, como todos, sus escenarios acotados, no siempre fortalecerá tu imagen el utilizarla y mucho menos su sobreutilización.

Duodécimo antídoto: el «aikidoka»

Y, por último, llegamos al antídoto que considero el más adecuado para la mayor parte de situaciones a las que podemos enfrentarnos.

El Aikido es un arte marcial cuya principal característica es que busca neutralizar al adversario sin dañarle. Como verás en la segunda parte de la obra, creo que es habitualmente la actuación más inteligente y efectiva para fortalecer nuestra posición en la mayor parte de las situaciones.

El «aikidoka» debe buscar el antídoto al veneno de la pregunta en dos fases.

La primera fase es la que podríamos denominar la del amortiguador que, a su vez, puede realizarse en uno o dos movimientos:

1. El primer movimiento puede ser o no ser necesario ya que lo único que busca es ganar tiempo para desarrollar correctamente la estrategia.

2. El segundo, que es el verdaderamente imprescindible en este antídoto, busca neutralizar parte de la hostilidad que pueda llevar la pregunta y encontrar una cierta empatía con quien la hace y, sobre todo, con quienes escuchan la respuesta. Es el momento de la utilización del amortiguador que intenta desactivar el curare a través de una cierta comprensión de las razones que motivan la pregunta.

Con la segunda fase, una vez reducido el nivel de hostilidad, **se busca hacer de la necesidad virtud aprovechando para introducir el mensaje propio,** que ya será percibido con menos animadversión por quien haga la pregunta y por el resto de los espectadores.

Es decir, la técnica sería: **ganar tiempo** (opcional) **+ amortiguador de desactivación + mensaje de resituación del contexto.**

Vamos a intentar ilustrarlo.

Dardo:

P. *¿Cómo valora que en la última encuesta de la ONU sea el líder peor valorado del mundo Occidental y de parte del Oriental?*

Cicuta:

R. *Que la ONU ya no sirve ni para hacer encuestas. Pregúntenles a mis seguidores y verán cuál es la valoración más cierta sobre mi excelsa persona...*

Es posible que esta respuesta encante a algunos de nuestros seguidores más acérrimos, pero no nos fortalecerá ante los más moderados ni ante los dudosos.

Antídoto «aikidoka»:

Fase 1.1. Ya sabéis lo que opinamos en nuestro partido de las encuestas. Tanto cuando nos resultan favorables como cuando no nos favorecen tanto.

Introducción sin sustancia que permite ir buscando el mejor argumentario, a la vez que aprovecha para desactivar un poco la credibilidad de las encuestas en general y, por derivación, de esta en particular.

Fase 1.2. Entiendo que muchos de nuestros votantes esperaban que avanzáramos más rápido y que sientan la frustración de que todavía no hayamos sido capaces de provocar todos los cambios que la sociedad nos demanda. Sin duda, comparto ese malestar y acepto mi parte de responsabilidad en ello.

Sin afirmar que estemos de acuerdo con el resultado de la encuesta, con cierta elegancia aceptamos una parte de la crítica, pero ya apuntando hacia el mensaje personal de la siguiente fase.

> *Fase 2. Sin embargo, lo importante es que esos cambios ya han empezado a sucederse en las instituciones, tanto en el Congreso como en el Senado, que han venido para quedarse y que son solo la punta del iceberg de lo que haremos con el apoyo de la mayoría social de este país.*

Mensaje final que busca anular el veneno de la pregunta y dejar el mensaje que fortalezca más la imagen propia dejando la idea de que necesita más apoyos y no más críticas para poder realizar los cambios a los que se ha comprometido.

Otra situación.

> **Dardo:**
> *P. Señora García, ¿cree usted que con las carencias de formación que siempre ha reconocido es la candidata adecuada para ser la presidenta de una nación tan grande y compleja como la nuestra?*

> **Antídoto «aikidoka»:**
> *Fase 1.1. Sí. Yo también me hago esa pregunta cuando me siento un poco triste.*

Si se hiciera este comentario debería ser con una comunicación no verbal muy expresiva que apoye que estamos hablando en broma.

> *Fase 1.2. En muchas ocasiones me he definido como un pozo de ignorancia, es una pregunta muy oportuna y adecuada.*

Con humildad acepta sus carencias, sean estas las que sean.

> *Fase 2. Sin embargo, a lo largo de toda mi vida, primero como sindicalista y después como política, muchas personas con todos los estudios académicos posibles me han convencido de que lo que necesita nuestro país es un dirigente honesto en quien confíe el pueblo. Alguien como ellos, que les haga creer en sí mismos y en las oportunidades inmensas que su país les puede brindar si trabajamos unidos y parece ser que esas son cualidades que, sorprendentemente para mí, el partido ha visto en mí. Ahora toca ver si el pueblo soberano también las ve o no.*

Aprovecha para soltar el mensaje de que lo importante no son tanto las certificaciones académicas como la capacidad para ilusionar, guiar y dirigir al país.

Veamos un ejemplo del ámbito profesional.

> **Dardo:**
> *P. ¿No son ustedes demasiado pequeños para optar a un contrato de este tamaño?*

> **Antídoto «aikidoka»:**
> *Fase 1. Ciertamente, no somos la empresa de mayor tamaño de todas las que optamos a este contrato.*

Aceptamos que somos los más pequeños de todos los que nos presentamos, pero no que nuestro tamaño sea un inconveniente para hacer un buen trabajo.

> *Fase 2. Justamente por eso seremos los más ágiles resolviendo los escenarios no previstos que se vayan presentando. También seremos los más flexibles para adaptarnos a las necesidades no explicitadas en el pliego de prescripciones técnicas. Sin duda, nuestro tamaño es otro argumento más a favor de que somos la mejor opción para este contrato.*

Acabamos intentando volver la amenaza en oportunidad haciendo ver que esa diferencia de tamaño estará a favor del cliente y no en su contra.

Vayamos ahora a un escenario más personal en el que un chico le hace una pregunta incómoda a su pareja.

Dardo:

P. Cariño, ¿no crees que ya podríamos estar viviendo juntos y disfrutando de nuestra mutua compañía a todas horas?

Antídoto «aikidoka»:

Fase 1.1. Sí. Dar un paso más en nuestra relación es algo que ya había pensado en varias ocasiones.

La reacción no es mostrar desagrado sino alinearnos con la idea vertida.

Fase 2. Sin embargo, pensé que necesitarías un poco más de tiempo para conocer un poco más a mis padres. Venirte a vivir con nosotros entiendo que es un paso importante para todos.

Es una respuesta un pelín fuerte y solo apta para quienes vivan en casa de sus padres.

Fase 2 bis. Tengo miedo de arriesgar algo que está funcionando tan bien. Para mí esta relación es muy importante y no quiero que la pongamos en riesgo por precipitarnos. Sigamos dando pasos firmes, pero seguros.

Apta siempre y cuando llevéis menos de 15 años de relación.

Por lo tanto, el antídoto del «aikidoka» se basa en aplicarle a la respuesta un amortiguador previo para acto seguido soltar nuestro mensaje, que debería permitirnos resituar el contexto hacia un escenario más favorable para nosotros.

Como he dicho, creo que este recurso es el mejor en casi todos los escenarios al poder combinarlo con todos los otros antídotos. Me parece el más recomendable de ensayar y de engramar en nuestro repertorio de respuestas a preguntas envenenadas.

Corolario de los doce antídotos

No hay antídoto que por sí solo funcione en absolutamente todos los escenarios.

El catálogo de opciones es prácticamente infinito, lo único que realmente puede ayudarnos es dominar si no todas, por lo menos varias de las técnicas expuestas para disponer de recursos en las diferentes situaciones que se nos presenten.

La elección sobre qué antídotos dominar deberías tomarla teniendo en cuenta cuáles son los escenarios en los que sueles desenvolverte para valorar los que pueden ser más efectivos y también teniendo en cuenta con cuáles te sentirías más cómodo y seguro. Seleccionar aquellos con los que estés en oposición directa no sería un buen camino, porque seguramente tu comunicación no verbal gritaría, como veremos más adelante, lo que tus palabras callasen.

Estos son los antídotos, pero para sacarles todo el provecho te aconsejo que sigas leyendo lo que queda de libro porque todo se puede hacer mal o bien, y sin controlar lo que viene a continuación seguro que las probabilidades de errar serán muy elevadas.

3

En búsqueda activa

Reconozco que el apartado de las preguntas envenenadas durante el proceso de la entrevista de selección de personal fue quizá el que más me sorprendió durante la redacción de este libro.

Esto pasó por varios motivos. El primero es que en mi trayectoria profesional he realizado muy pocas entrevistas como candidato y, con la excepción de una, todas las que hice se produjeron porque me llamaron a mí. Para más inri, yo iba a esas entrevistas por cortesía y para informar de que no podía en esos momentos aceptar ninguna propuesta de cambio de proyecto profesional. Es decir, tengo muy pocas experiencias en la búsqueda activa de trabajo.

Por el contrario, como empleador he realizado algunos millares de entrevistas, pensé que era un tema que no me iba a aportar mucho. Una vez más, aprendí la diferencia entre tener experiencia haciendo algo y ser un buen profesional en ello. Una vez más, recibí la lección de que la humildad no es un destino, es un camino.

Este capítulo es específico y singular para la entrevista de selección de personal por los especiales aprendizajes que he alcanzado a este respecto, pero dudé mucho entre incluirlo en la versión final del libro o no porque, como verás, en bastantes aspectos se aparta del núcleo de cómo responder a preguntas difíciles.

Finalmente, contradiciendo incluso las sugerencias de mi editor que consideraba que este capítulo formaba parte de otro libro, opté por ser práctico. El esfuerzo estaba hecho y el aprendizaje me resultó muy enriquecedor, así que yo lo tecleo y después ya decides tú si te aportó alguna utilidad o no.

Aunque expondré algunos consejos al respecto, no pretendo convertir este capítulo en una guía sobre cómo deberías comportarte en una entrevista de trabajo porque de eso hay muchísima bibliografía especializada y no es un aspecto que esté en el espíritu de esta obra. Solo son algunas curiosidades y reflexiones que a mí me resultaron muy ilustrativas, pero que en este caso deberías complementar y contrastar con otros estudios para tener un criterio más sólido.

- Lo primero que me sorprendió fue darme cuenta de que el entrevistador suele estar del lado del entrevistado.

En general, quien te entreviste quiere que brilles, que tengas un buen momento y que seas el candidato ideal para su organización y para el puesto que necesitan cubrir, por lo que tienes en él a un aliado, no a un adversario. Algunos de los entrevistadores incluso se esfuerzan en ayudar al candidato a que tenga un gran día y que sea capaz de mostrar su mejor versión.

Además, los expertos en captación que he entrevistado son encantadores y personas atractivas e interesantes, formadas en detectar e intentar cazar el talento, así que tienen una gran habilidad para crear una atmósfera de confianza y relajación.

Ya desde las primeras entrevistas que hice me fui dando cuenta de que son todos unos vendedores magníficos. Algunos incluso llegaron a reconocerme que tienen el objetivo personal de que el candidato no seleccionado siga teniendo la mejor de las opiniones de la empresa y en el caso de que sea cliente que siga siéndolo con más fidelidad, si cabe.

Eso sí, es un aliado con los ojos vendados, como la Dama de la Justicia. Si él cree que no encajarás su obligación es tomar la mejor decisión para su empresa. Decisión que, afirman, a medio plazo también será buena para ti porque pasar por una organización en la que no se encaja nunca es bueno ni anímica ni curricularmente.

- Como consecuencia del punto anterior, todos los entrevistadores intentan crear un entorno amigable que haga que la entrevista se convierta en un proceso de descubrimiento personal mutuo.

Parece ser que las entrevistas de presión en las que se provocan situaciones tensas buscando sacar al candidato de su zona de estabilidad emocional se han ido quedando en el pasado.

Los expertos en selección que tienen más experiencia en el puesto dicen que han visto hacer entrevistas en las que la presión era la nota dominante, pero que en la actualidad ese estilo de entrevista está superado y que buscan justamente lo contrario. Crear un entorno confortable en el que se pueda desarrollar un acercamiento humano.

Dicen los entendidos que un entorno amigable es mucho más eficaz para conseguir conocer al candidato que cualquier escenario de presión en el que las personas se ponen en modo «oficial», por lo que es mucho más complicado llegar a descubrir algo interesante de ese participante.

No obstante, esto no quiere decir que no te vayas a encontrar con ninguna incomodidad, sino que aprovecharán las que vayas provocando tú con tus respuestas y comentarios en ese entorno cordial.

Las consultoras especializadas en selección de personal suelen ser más proclives a provocar algún escenario de presión que la empresa final.

- Es normal que te pongas nervioso, pero también lo es que no te contraten si te lo notan en exceso.

Lo siento, pero es lo que aprendí.

Parte del proceso de descubrimiento se centra en ver cómo gestionas situaciones de tensión; si no tienes el temple para llevar con serenidad una situación de estrés es que no tienes desarrollada dicha habilidad, así que en muchos casos quedarás eliminado del proceso.

Sobre todo, cuando estemos hablando de la gestión de responsabilidades medias o altas en el organigrama jerárquico de la organización, buscar la empatía con el entrevistador reconociendo tu ansiedad no es una opción aconsejable.

Es habitual que durante todos los periodos de crisis económica muchos candidatos de perfil alto vayan a las entrevistas tristes y con el derrotismo dentro del alma. Ir en esas condiciones es un error que solo lleva a quemar un cartucho de forma estéril.

Aunque sea paradójico, todos sabemos que mostrar excesivo interés en el puesto de trabajo es negativo para el candidato.

Que te muestres nervioso te resta muchos enteros, pero que te dejes dominar por la ansiedad simplemente te quita del campo de juego.

Las preguntas suelen ir desde las abiertas hacia las cerradas. En primer lugar, van buscando que el candidato se tranquilice y relaje desde preguntas muy abiertas para ir llegando a las preguntas cerradas que determinarán la idoneidad o no del candidato para la organización y el puesto concreto que esté en liza.

Salvo que sean muy relevantes, las consultoras indagarán más en las incoherencias que detecten en tus respuestas que los directores de personal ya que estos utilizan a las consultoras, en cierta medida, para que les hagan también ese trabajo menos grato.

Por supuesto, las incoherencias lo que hacen es aflorar aquello que nosotros percibimos como nuestras debilidades, son algo codiciado por cualquiera que intente averiguar si somos la persona adecuada para ese puesto o no. También pueden utilizar alguna contradicción menor para ver cómo reaccionas ante una situación incómoda e inesperada para ti por lo que este es un aspecto que conviene llevar muy bien trabajado.

- Afirman no tener preguntas envenenadas. Justamente, en este entorno amigable no pueden existir preguntas envenenadas. No hay ninguna pregunta diseñada específicamente para pillar al candidato en el renuncio.

De mi cosecha añado que al crear un entorno amigable no son necesarias preguntas envenenadas ya que el escenario está en sí mismo diseñado para que la persona relajada cometa las imprudencias que los seres humanos cometemos cuando nos sentimos cómodos y entre amigos.

Por lo tanto, no esperes una pregunta envenenada sino un escenario tan amigable que provoque una relajación en la que reconozcas parte de esas áreas que no siempre fortalecerán tu candidatura.

Como dirían en una película policíaca, por muy amigable que te resulte el entorno, **cualquier cosa que digas podrá ser utilizada en tu contra.**

Como ya anuncié en el capítulo *Puente sobre aguas turbulentas,* uno de los entrevistados me comentó que un candidato llegó a estar tan relajado en la entrevista que le reconoció que no conocía a nadie tan vago y perezoso como él mismo. El seleccionador agradeció su honestidad, pero no fue el elegido.

El motivo por el que a pesar de su honestidad el candidato fue desestimado es porque, sobre todo en determinados puestos, también se está valorando la capacidad para gestionar con profesionalidad y prudencia la información de la que se dispone, y quien muestre no ser cauto ni con la que le afecta personalmente no debería esperar que alguien se crea que vaya a serlo con la de la empresa.

Una aclaración final a este punto es que, como mi sorpresa fue mayúscula, pregunté si la relajación desinhibida solo pasaba en las posiciones más bajas de la selección. La respuesta fue que esos errores eran también cometidos por altos directivos durante sus propios procesos de selección, así que es algo en lo que caen también los académica y profesionalmente más preparados.

- Aunque algunos evaluadores ya no te piden que reconozcas algún defecto, otros siguen haciéndolo con el único objetivo de ver si el candidato es uno de esos lelos que se han creído los consejos del *blogger* de moda e intentan colarle una fortaleza como si fuera un defecto.

El candidato que cae en la bobada de intentar vender una fortaleza como un defecto en ese mismo momento está demeritando de forma importante su posición por una doble causa. La primera, es por no tener la sagacidad de haberse dado cuenta de que el interlocutor no es un necio y por tanto que va a ver venir el ardid desde lejos y la segunda, por ser él mismo un ingenuo carente de espíritu crítico que ha dado por bueno un consejo tan estúpido.

El directivo de una consultora me comentó que él juega con esa situación para poner al candidato contra las cuerdas —momento de presión provocado por la propia actitud del candidato— diciéndole que si no es capaz de reconocer ninguna debilidad es que no tiene capacidad de autocrítica y que si no la tiene esa es una carencia determinante para un directivo. Aun en ese escenario dice que hay quien se sigue afirmando en que sus grandes defectos son que no sabe parar de trabajar, que es muy perfeccionista y que su lealtad para con las empresas con las que ha trabajado le ha causado grandes sufrimientos, soflama que suele dejarle fuera del proceso.

Que te pregunten cuáles son tus áreas de mejora, defectos o debilidades como profesional es un buen ejemplo de una pregunta que envenenamos con nuestra actitud y con nuestra respuesta, ya que todos los entrevistadores son seres humanos con taras personales que lo único que esperan es que tú también seas capaz de reconocer algunas de esas características que te humanizan, pero sin caer en la ingenua despreocupación de decir la primera ocurrencia que se te pase por la cabeza como si estuvieras al calor de una tertulia con un amigo de la infancia.

Cuando alguien te pregunte cuáles son tus debilidades o áreas de mejora creo que lo mejor que puedes hacer es preguntarle en qué escenario y después responder con sinceridad, pero sin tener que caer en la honestidad descarnada.

Por ejemplo, ser un profesional muy creativo puede ser apreciado en muchas posiciones, pero seguramente no será una gran fortaleza en un puesto de control de calidad en el que lo que se precise sea una persona constante, predecible y que aplique los procedimientos y la política establecida.

Lo mejor es exponer una debilidad real en la que estemos trabajando para superarla y así demostrar no solo autocrítica sino también propósito de enmienda.

- *Tengo cierta tendencia hacia la acción inmediata que en ocasiones me ha llevado a equivocarme por no ser un poco más reflexivo. Desde hace unos meses todo nuevo proyecto lo hago pasar por unas fases previas de análisis que tengo definidas. Esta nueva forma de actuar ya me está demostrando buenos resultados.*
- *Me cuesta tomar decisiones con poca información. Antes necesitaba tener todos los datos para tomar una decisión, pero ese análisis exhaustivo me ha costado alguna oportunidad importante. Desde hace un par de años tengo un sistema de toma de decisiones que ha sacrificado un poco de información, pero ha ganado mucho en agilidad lo que en mercados tan vertiginosos como los actuales suele ser más rentable.*

— *La gente suele verme como alguien decidido porque tomo
decisiones, incluso las más duras, pero la realidad es que de-
cidir me provoca un elevado coste emocional. Estoy inmerso
en un proceso de* coaching *que me está ayudando mucho.*

Los ejemplos pretenden exponer debilidades reales de forma
que no te resten demasiado en tus posibilidades de ser el candi-
dato finalmente seleccionado al mostrar autoconocimiento, pro-
pósito de enmienda y capacidad para pedir ayuda cuando crees
que la necesitas.

Siempre que no le inhabilite para el puesto, que el candidato
exponga una debilidad real no detectada por el seleccionador
fortalece mucho su propuesta. Aunque no se lo pregunten, si el
puesto no lo exige de forma excluyente y el candidato reconoce
no tener un gran nivel de inglés ese reconocimiento le sumará en
vez de restarle.

Intenta conocer bien tus defectos y aprende a exponerlos no
como fortalezas sino como áreas de mejora en las que estás tra-
bajando, pero que tampoco se vean como pecados mortales por
los que nadie te contrataría.

- Normalmente el candidato no presenta una historia de vida.
  Ni siquiera para los puestos más elevados el candidato suele
  tener un relato que explique que los cambios, los hitos y los
  avances sean parte de una secuencia de pasos lógicos y no úni-
  camente movimientos fruto del azar.

El candidato suele limitarse a saltar de un acontecimiento a
otro como si fuera alguien que habla de otra persona, pero pocos
candidatos tienen un *storytelling*[10] de su propio desarrollo profe-

---

10. Anglicismo tan de moda como innecesario que se utiliza cuando alguien no
quiere contar una historia.

sional y personal, por lo que suelen dar la impresión de que su carrera profesional les ha guiado a ellos y no ellos a su trayectoria profesional.

El candidato debería tener un relato de vida que traslade la impresión de que no es una simple marioneta. Su propia historia personal y su evolución dentro de la misma debería ser algo interesante, cuando no apasionante, para el narrador intentando que esa emoción llegue al interlocutor. Cada uno de nosotros deberíamos tener una charla sobre nuestra vida parecida al celebérrimo discurso de Steve Jobs en Stanford.

Este error se detecta en la misma redacción del currículum que, en general, suelen ser muy planos, sin ningún color —y no me refiero al de la impresora— ni calor porque se limitan a reflejar datos, pero no a poner en valor los actos. El currículum debería ser más una breve historia personal que un simple reflejo de hechos que, por supuesto, deben seguir apareciendo.

Normalmente, los entrevistados no saben vender sus cambios y sus momentos de reinvención personal, y como los consideran más debilidades que fortalezas o no los muestran bien o directamente los ocultan, porque no han sabido interiorizar que esas experiencias les han convertido en personas más formadas, más llenas de experiencias y generalmente más interesantes y atractivas para las empresas.

La mayor parte de los profesionales no ha entendido que al vivir en un mundo tan vertiginoso y cambiante como el que nos ha tocado su obligación es cambiar con él gestionando la adversidad que esos movimientos provocan, y que esos cambios y sus formas de acometerlos no tienen que ser necesariamente parte de su pasivo, sino que de ellos depende convertirlos en parte de su activo.

- Los candidatos suelen centrarse en defender su currículum en vez de defender el valor que les hace únicos y diferenciales para esa empresa.

Cuando el 80% de la entrevista suele girar sobre el aspecto personal del trabajador, sobre todo, los grandes candidatos intentan vender su historial de vida profesional en vez de defender su propio valor diferencial y único para esa organización.

Sobre el otro 20%, el puramente técnico, todos afirman que es lo más sencillo de evaluar y que, una vez el candidato cubre con los mínimos de ese puesto, en la decisión final suele tener bastante más peso la otra parte: la personal.

Si tiene alternativas, aunque cada caso es único, en general el seleccionador no contratará a alguien con quien no se fuera de cañas.

O cometen un error o el contrario. Hay un perfil de entrevistado que no se sabe vender y el otro que cae en la soberbia.

Al final, quien hace la selección está buscando personas normales que, como me dijo uno de ellos, cuando la ocasión lo requiera sea capaz de hacer algo excepcional. Esa flexibilidad exige que la persona muestre una cierta seguridad personal, pero sin caer nunca en la soberbia.

Algunos de los entrevistados piensan que la experiencia del candidato juega en su contra porque esta suele llevarles a una pose que siempre es negativa. Los altos directivos siguen cometiendo errores en la entrevista al dejarse llevar por su ego.

La mayoría de los seleccionadores afirman que les gusta que les hagan preguntas sobre la empresa, pero hasta el punto en el que mostrar interés no se convierta en impertinencia. Como siempre, hay que saber mantener el equilibrio.

Otro error ampliamente visto en los directivos es que hablan mucho de flexibilidad, pero no suelen saber mostrar la suya propia para adaptarse a los cambios y en muchos casos muestran de forma implícita, con sus actos del pasado, todo lo contrario.

– *Me pidieron que me encargara del proyecto de lanzamiento de un nuevo producto, lo que me exigiría un periodo de en-*

trenamiento, pero yo ya no tengo edad para esas cosas, por lo que llegamos al acuerdo de que mi tiempo en esa organización había llegado a su fin.

- Hay una escuela que piensa que **el mejor predictor del futuro de una persona es su pasado** y que en él está el desempeño futuro del candidato. La otra cree que el pasado es un factor a tener en cuenta, pero que las personas pueden aprender de sus errores y hacer que estos les hagan mejores profesionales que los que no han pasado por esas circunstancias.

De lo que tienes que ser consciente es de que gran parte de la entrevista se pasará hablando de tu pasado porque el entrevistador necesita hacerse una idea de con quién está hablando y no puede hacerse esa composición de lugar más que a través de tus vivencias y hechos.

En todo caso, si los errores del pasado no eres capaz de exponerlos junto con los aprendizajes que hagan ver a tu interlocutor que hoy eres más sabio y valioso gracias a los mismos difícilmente van a entrar en tu haber.

Son muy bonitas las frases de autores americanos sobre los errores y la sabiduría y los mensajes motivadores de menos de 280 caracteres, pero en mi caso **he percibido más interés en los profesionales que pueden aportar experiencias de éxito que los que pueden aportarlas de aprendizaje** —en este caso seudónimo de fracaso—, así que piensa muy bien qué dices y sobre todo cómo lo presentas.

Aunque en los aspectos operativos del desarrollo profesional haya discrepancias, el comportamiento pasado sí que aparece como un predictor representativo del futuro en cuestiones de moral y ética. Es decir, es posible que el reconocimiento de errores y fracasos profesionales del pasado sumen o resten, pero la existencia de denuncias o demandas de índole moral y ético serán determinantes en tus posibilidades presentes.

- Todos los profesionales le dieron una importancia muy alta, casi determinante, a la comunicación no verbal del candidato. Aunque no estén formados de forma expresa en la materia dicen que buscan la coherencia entre lo que dicen con sus palabras y lo que les hacen sentir con sus gestos.

Una minoría reconoció que en los primeros minutos ya tienen una posición cuasi definitiva con respecto al candidato, pero que siguen hasta el final por profesionalidad y por ver si están equivocados, cosa que no suele suceder.

Para entender cómo gestionar adecuadamente la comunicación no verbal podrás ir más adelante al capítulo «Silencios que gritan» y ten en cuenta que sobre todo deberías ser capaz de mostrar serenidad y autocontrol sientas lo que sientas dentro de ti.

- Una reducida parte de los profesionales de selección cree que el proceso es una ciencia, algo que siempre intentan hacer de la misma manera, siguiendo los mismos patrones y pautas para llegar a una conclusión racional y metódica que es la que defenderán ante sus compañeros o clientes intentando no crearse una opinión personal.

La tendencia mayoritaria es a considerar el proceso un arte. Es decir, una forma de hacer en la que el evaluador sigue unas técnicas, pero en el que al final la decisión es personal, con un alto porcentaje de subjetividad que es lo que hace que la aportación del seleccionador sea valiosa e insustituible para la organización y en la que solo el tiempo dirá si la decisión ha sido acertada o errada.

Si bien todos los expertos que entrevisté reconocen no ser infalibles, parece que tienen un altísimo grado de acierto en sus procesos de selección que estiman en torno al 90%.

- Intentarán conocer tus valores, pero no tanto desde el punto de análisis ético sino desde el encaje con las funciones que vas a tener que representar dentro de la organización.

Si te están seleccionando para un departamento técnico seguramente no será importante que no estés dispuesto a ir a cenar con clientes, pero si la selección es para un puesto comercial quizá esa posición personal sí sea importante para la contratación.

Uno de los entrevistados para escribir este libro se sinceró hasta el punto de reconocerme que él tiene que buscar al candidato que esté dispuesto a hacer lo que la organización necesite que haga, si esto no es siempre muy ético —o en el caso de que sea manifiestamente ilegal— su trabajo consiste en encontrar a la persona dispuesta a ello.

Quizá lo leído en el párrafo previo no te parezca ético, pero yo agradecí la honestidad del entrevistado porque este ensayo quiere aportar una visión realista, por muy incómoda e incluso poco estética que esta sea, y no solo expresar lo política, social e incluso jurídicamente correcto.

En general, para conocer tus valores y conductas, tendrán más interés en conocer cómo has logrado determinadas cosas que los logros alcanzados en sí mismos.

En este sentido, algunos entrevistadores te pedirán que comentes cuáles son, a tu juicio, las características que debería cumplir un candidato ideal para el puesto en cuestión, ya que parece que tenemos la tendencia a proyectar en esa definición las cualidades que se perciben en uno mismo.

- Buscarán el encaje entre lo que tú les transmitas, el puesto y la propia organización. Es decir, intentarán ver las incompatibilidades entre tu estilo profesional y lo que espera la empresa de ti.

«¿Eres un profesional con hambre o más bien tranquilo?» Dependiendo de la empresa cualquiera de las respuestas posibles pudiera ser buena o mala.

En una empresa dinámica, ágil y muy comercial si no te ven activo tendrás pocas probabilidades de éxito. En una empresa familiar en la que «las cosas siempre se han hecho así» traer a un espíritu tranquilo que no complique las cosas y que haga su trabajo de forma previsible y con rigor puede ser la apuesta con más boletos.

La única manera de responder correctamente a estas preguntas será que intentes conocerte lo mejor posible a ti mismo y que te prepares bien la entrevista conociendo todo lo que puedas la empresa y cuando sea posible el propio puesto que se pretende cubrir.

- **Hablemos de dinero.** Como siempre, cada caso y situación son un mundo, pero en esta parte tenía especial interés debido a que las disponibilidades presupuestarias siempre fueron un hándicap en mis procesos de selección.

En cuanto a la parte económica tres son los escenarios posibles: aceptar una propuesta con condiciones dinerarias inferiores a las que ya tenemos, hacerlo con una propuesta muy similar a nuestra situación actual o solo aceptar cuando se nos proponga alguna mejora que justifique el cambio.

Algo que nunca se me había ocurrido es que el entrevistador profesional puede pedirte, sin sonrojo por su parte, que le demuestres que ganas lo que dices ganar pidiéndote la aportación de tu declaración de la renta del pasado ejercicio fiscal, así que ojito con los faroles.

Sí, a mí también me ha parecido muy intrusivo, pero que sepas que esto te puede suceder y, si te pasase, aducir razones éticas no fortalecerá tu posición por varios motivos. El primero es que pensarán que has mentido y que ahora solo sabes argu-

New York
Public
Library

#PocketPoems
written and selected for NYPL.
enjoy this poem * keep it * give it away * discover more: nypl.org/poetry

Caroline Reichardt

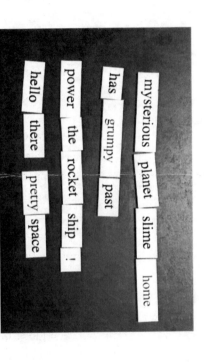

mysterious | planet | slime | home

has | grumpy | past

power | the | rocket | ship | !

hello | there | pretty | space

mentar con la ética para no demostrar lo que has afirmado. La segunda es que estarás mostrando poca flexibilidad y una rigidez importante poniendo líneas rojas donde probablemente solo debiera haber incomodidad; y por último que estarán viendo cómo reaccionas en una situación comprometida para ti y hacerlo con indignación seguramente no sumará mucho en tu favor.

No las tengo testadas por lo que no puedo garantizar su eficacia, pero a mí se me ocurrieron dos posibles reacciones.

La primera es que cuando te pidan la cifra no la des diciendo que lo importante no es lo que estás ganando sino la cifra que te van a proponer para incorporarte a su empresa, y no moverte de esta posición. Esto probablemente provocará que piensen que no estés ganando mucho dinero porque si fuera lo contrario no tendrías problema en dar la cifra.

En caso de que ya hubieras dicho la cifra y quieras seguir jugando la partida podrías utilizar la estrategia siguiente:

> R. Mira, esto es un proceso de negociación y pedirme que yo te enseñe todas mis cartas es algo que te da demasiada ventaja, pero estoy dispuesto a hacerlo siempre y cuando tú aceptes la siguiente propuesta.
>
> Confírmame que si te presento la declaración de la renta y compruebas que gano lo que te he dicho, que el puesto es mío con un incremento del 30% [este porcentaje tendría que ponerlo cada uno] superior a mis ingresos actuales.

A los que se lo comenté la segunda propuesta les gustó ya que muestra por un lado flexibilidad y agilidad para abrir opciones no previstas y por el otro también la capacidad para defender la posición propia.

También creo que si no eres el candidato preferido con esta posición probablemente te quedes fuera porque algún seleccionador podría pensar que estás rayando la suficiencia.

Pero sigamos con qué propuesta económica deberíamos defender:

1. **Estoy dispuesto a venir por menos dinero.** En la mayoría de los casos el que hagas esta propuesta te sacará del tablero de juego. El seleccionador se dará cuenta de que estás buscando a la desesperada entrar en la organización y que cuando lo hayas logrado comenzarán los problemas.

   Incluso cuando la persona reconoce que está dispuesta a hacer el esfuerzo porque su pareja se desplaza o situaciones de logística familiar no les gustará porque percibirán que estás utilizando su propuesta más como trampolín que como una decisión estable en el tiempo.

2. **Por las mismas condiciones que tengo en mi empresa actual acepto.** Idéntico a la anterior. Si estamos dispuestos a cambiar por lo mismo que ya tenemos perdiendo en el cambio la antigüedad y todos los beneficios que hayamos consolidado es que hay algo en tu relación con la empresa actual que es preciso aclarar convenientemente.

   En esta situación una vía aceptable es que el argumento de cambio sea que el candidato se sienta profesionalmente estancado y que la nueva empresa le ofrezca posibilidades de desarrollo, pero esto es algo que tiene que ser real y creíble para el entrevistador. Es decir, si este no ha expresado que es una empresa en la que se puede hacer carrera, que se invierte en la formación de sus trabajadores y que en el futuro próximo habrá muchas oportunidades el candidato no puede decir que lo que le entusiasma son las nuevas opciones que se le presentan.

   En bastantes casos el candidato dice que acepta esas condiciones de entrada, pero que en breve espera poder demostrar que es merecedor de más, lo que puede ser visto como un problema en ciernes por el seleccionador, que a lo mejor sabe que no tendrá en el futuro margen de maniobra para cubrir esas expectativas no cuantificadas, por lo que ojito con esta posición.

3. **Reconocer que no se cambiará salvo que las condiciones que se le ofrezcan mejoren su situación actual.**

Si no se hace con altanería, sino explicando con humildad que se tiene mucho interés y que aceptar un cambio es en sí mismo una apuesta muy grande porque se está perdiendo la antigüedad y saliendo de nuestra zona de confort, pero que, para que la relación funcione, el interés tiene que ser mutuo, suele ser la mejor posición. Especialmente con organizaciones para las que el salario de un trabajador no son su gran problema.

Proponerle a una empresa que sabemos que tiene unas cuentas saneadas que estamos dispuestos a hacer un esfuerzo económico para entrar en su disciplina no es muy inteligente. Su problema no es el dinero sino si somos o no su candidato ideal.

Por supuesto, tu propuesta económica tiene que moverse entre las horquillas de las retribuciones de las personas de tu experiencia profesional, del puesto al que aspiras y del ámbito de la empresa por la que compites y en la valoración de estos parámetros parecer ser que también somos bastante fantasiosos.

- **Tres preguntas envenenadas que probablemente te encontrarás.** Ha quedado claro que los responsables de selección afirman que ellos no hacen preguntas envenenadas, pero por si acaso yo te recomiendo que tengas una buena respuesta, por lo menos, para las tres preguntas siguientes.

1. **¿Por qué crees que te está costando tanto tiempo volver a encontrar trabajo?** Sobre todo, en momentos de crisis no es

inusual que estés desempleado durante un tiempo superior al que te gustaría mostrar en tu hoja de vida.

> *R. En mi anterior empresa hicieron recortes de personal y tuvieron que prescindir de mí. En los últimos años el mercado y la situación de la empresa fueron tan exigentes que no me permitieron actualizarme, pero aquel era un momento para darlo todo y para remar pensando en el proyecto y en el equipo, no en mí. Cuando tuve tiempo sentí que necesitaba fortalecer mis conocimientos antes de volver a mostrarme al mercado. No solo subí mi nivel de inglés, sino que hice cursos de liderazgo y de comunicación para mejorar mi capacidad para hablar en público de forma persuasiva y para formar parte de equipos de alto rendimiento que busquen la excelencia.*

2. **¿Qué es lo que menos te gusta de tu actual trabajo?** Esta es una de esas preguntas con la que las personas que se relajan se sinceran en exceso y comienzan a hacerle un traje a medida a su jefe. No se dan cuenta de que lo que están haciendo es ponerse a sí mismos la mortaja. Nunca, NUNCA, NUNCA JAMÁS y en ningún escenario hables mal de ningún jefe ni de ninguna empresa anterior. No por protegerles a ellos sino porque darás la imagen del bocazas que no sabe gestionar correctamente la información confidencial, así que cuando estés en nómina de tu nueva empresa tampoco serás discreto con las miserias que acabarás conociendo, porque todas las empresas, independientemente de su tamaño, tienen las suyas.

> *R. Todo en mi actual trabajo me gusta. La empresa y el equipo humano me satisfacen especialmente, pero lo que hace que en este momento esté abierto a valorar la posibilidad de un cambio es que no tengo opciones de crecimiento interno. He llegado al máximo desempeño que la empresa puede exigirme, siento que aún tengo mucho que aportar y me apetecen nuevos desafíos.*

3. **¿Por qué deberíamos contratarte?** Parece que la tendencia
    natural es responder «porque necesito el trabajo» o con un
    «no lo sé porque no conozco al resto de los candidatos».
    Ambas respuestas son erróneas porque lo que se te está di-
    ciendo es: «**¡Venga! ¡Véndete! Este es tu** momento ¡Muéstra-
    me que tienes sangre en las venas e interés en formar parte de
    este proyecto!»

R. *Entiendo que es una pregunta imprescindible en un proceso de*
selección. Aun sabiendo que me estás pidiendo que sea juez y parte
intentaré responder de la forma más honesta posible.

Según me han dicho en todas mis experiencias profesionales, pare-
ce que soy una persona creativa con habilidad para crear equipos mo-
tivados, cohesionados y seguros de sí mismos. Sin embargo, para mí
quizá lo más destacable es que siento que soy una persona muy lucha-
dora y esforzada, humilde y siempre con ganas de aprender de todo el
mundo y de formar parte de algo más grande que yo mismo. Mi filoso-
fía de vida me exige superar las expectativas que haya depositadas en
mí, sean estas las que sean, y siento que en todo lo que hago debo
aportar mi mejor versión para no cometer un fraude con mi propia vida,
lo que significa que, para mí, el desempeño profesional es mucho más
que un simple medio de ganarme el jornal.

Deberíais contratarme porque desde ese momento mi compro-
miso firme será que cada día tengáis la certeza de que habéis to-
mado la mejor decisión de todas las posibles.

Le he dado muchas vueltas y el párrafo previo es literalmen-
te lo que yo diría si estuviera en esa situación, pero aquí lo im-
portante es que lo que digas estés dispuesto a defenderlo después
en el día a día y durante el resto de los días de tu trayectoria
profesional en esa organización.

Finalizo este capítulo singular con unas reflexiones gene-
rales.

Una entrevista de trabajo siempre ha sido, es y será un proceso incómodo y estresante cuando la necesidad es grande, y motivador y hasta divertido cuando no tienes presión, pero la única manera de que te tengan realmente en cuenta, sobre todo si estás aspirando a un puesto de relevancia media o alta, es que no te muestres ansioso o nervioso. Es humano que muestres tus debilidades, pero eso no te ayudará y en muchos casos te inhabilitará.

Pocos jugadores de fútbol podrían serlo de baloncesto y viceversa. Si no eres el candidato adecuado para una organización no creas que no lo serás para la siguiente, por lo que no digas que te encanta el fútbol si no es cierto. Sigue buscando un equipo en el que encajes y puedas mostrar tu valía y mientras no lo encuentras prepárate lo mejor posible para aprovechar la ocasión cuando esta aparezca.

Tómate cada entrevista como una oportunidad para afinar tu capacidad de seducción personal. Cada negativa es una ocasión para mejorar tu aprendizaje y capacidad de persuasión. Intenta aprender de cada proceso sin echarle la culpa a la persona que realiza la selección que, recuerda, está de tu parte. Saca áreas de mejora de tu propuesta personal, prepara y simula entrevistas con amigos y familiares e intenta hacerlo mejor en la ocasión siguiente recordando que tu actitud —muy especialmente la transmitida mediante tu comunicación no verbal— seguramente no será lo que te dé el trabajo, pero sí será suficiente para que no te lo den.

4

En el ágora digital

Todos los antídotos expresados en las páginas previas pueden tener su momento cuando estemos sufriendo un ataque en las redes sociales con algunas matizaciones que es preciso tener en cuenta.

Según el afamado psicólogo Bernardo Stamateas, dos características específicas de las redes sociales provocan que este medio sea especialmente virulento en su comunicación:

1. La sensación de que el otro es invisible o no existe. La ausencia de presencia física puede provocar que muchas personas con dificultades de expresión —timidez, agresividad pasiva, etc...— se envalentonen y dejen que afloren, como en una especie de catarsis, algunas de sus emociones más controladas en la vida real, especialmente la agresividad. También aquellas personas con baja autoestima pueden sentir que tienen a su alcance su minuto de gloria.

2. La ausencia de comunicación no verbal. Al perder toda la comunicación del cuerpo y de la voz no podemos percibir el ánimo y el tono emocional del emisor, las posibilidades de malinterpretar un mensaje que desencadenen la belicosidad de las partes son mucho más elevadas que en los medios en los que además de lo verbal percibimos lo no verbal.

Me permito añadir dos características de las redes sociales que singulariza de forma notable la comunicación a través de este medio.

3. El posible anonimato del inquisidor. Todos los seres humanos ambicionamos en algún momento el superpoder de la invisibilidad. Ser capaz de entrar en las vidas de los demás sin temor a las consecuencias. Quizá esta reflexión sea solo una parte de la justificación de la proliferación de esa figura anónima, popularmente conocida como trol, que se dedica a provocar el dolor desde la cobardía infame de su escondite.

4. La propia naturaleza del ágora digital. La sensación de estar donde algunos sienten no solo que pueden, sino que deben expresarse sin bragas y sin ningún tipo de autocensura. Además, al no haber tiempos de espera que puedan enfriar los ánimos se incrementan las probabilidades de dar rienda suelta a la impulsividad.

Ya teniendo el escenario del ágora un poco más claro, las cuatro únicas ideas que creo que valen la pena ser compartidas son:

1. Nunca, NUNCA, NUNCA JAMÁS respondas hasta que no tengas el control de tus emociones. Especialmente cuando te sientas atacado y la pregunta o el comentario sientas que te ha provocado una ofensa. Lo bueno de las redes sociales es que puedes gestionar los tiempos, así que no seas tonto y hazlo.

En los escenarios en los que la ofensa te haya provocado un hondo malestar mi consejo es que no respondas antes de que pasen 24, aún mejor, 48 horas desde que hayas recibido la afrenta y después responder recordando la sutil diferencia entre el caballero y el caballo. Nunca desaproveches una buena ocasión para mostrar tu elegancia.

2. Recuerda la utilidad del antídoto del bumerán por el que dejamos que otras personas salgan en nuestra defensa. Deja que la comunidad responda por ti, técnica que refuerza el consejo previo. Dale tiempo a tus seguidores a decir lo que deseen al respecto.

3. No hay mayor desprecio que no dar aprecio. Si la ofensa es absolutamente impertinente o fuera de lugar lo mejor es ignorarla y si el interfecto es de los insistentes la función de bloqueo está especialmente diseñada para estos casos. En el ágora digital no es muy inteligente dar el rango de crisis de credibilidad a cada acomplejado que se empeñe en intentar regurgitarnos sus excrementos mentales.

4. Las preguntas que siendo incómodas sean oportunas y creas que deben ser respondidas puedes responderlas con algunos de los antídotos ya comentados, sabiendo que las evasivas en este medio son menos efectivas ya que no existe el factor tiempo y el preguntón puede insistir cuantas veces considere hasta sentirse satisfecho, lo que no siempre será sencillo. Quizá el antídoto del «aikidoka» sea especialmente útil en el ágora digital teniendo en cuenta que es posible que llegue un momento en el que tengas que poner fin al asunto con un «sobre este tema ya he dicho todo lo que tenía que decir y no tengo más que añadir».

Recuerda que las redes sociales son un gran altavoz, si la jiñas en este escenario por dejarte llevar por tu impulsividad puede ser que la factura que acabes pagando sea desproporcionada para el nivel intelectual y moral del memo que te metió en el brete.

Por último, hagas lo que hagas, recuerda que las faltas ortográficas no van a sumar mucho en tu imagen, así que si eres de los que tienen ciertas dificultades con este aspecto, activa el corrector ortográfico, que para eso está.

SEGUNDA PARTE

5

La paradoja de las perspectivas

Una parte no menor de la grandeza de nuestra especie reside en que ante una información objetiva nuestra reacción puede apartarse de lo que aconsejaría la racionalidad. En el ámbito económico Daniel Kahneman y Amos Tversky lo demostraron en la década de los setenta con su *Teoría de las perspectivas* que a la postre le aportó al primero —Tversky ya había fallecido— el Nobel de Economía en el año 2002[11]. Una paradoja en sí misma ya que el galardonado no es economista sino psicólogo.

La paradoja hace que a pesar de los miedos y fundados temores que las personas concienciadas con las preguntas incómodas puedan sentir sobre lo importante que es ir bien preparado en este aspecto, gran parte prepare escasamente ese momento.

Incluso en los escenarios con las consecuencias más contundentes la paradoja está presente. Para la redacción de este libro conté con la colaboración de personas con una dilatada trayectoria sentándose en salas de tribunales de justicia. En su opinión, es muy minoritario el porcentaje de personas que van realmente bien preparadas para afrontar la dura prueba de someterse al interrogatorio propio de estas situaciones.

---

11. Casualmente el premio Nobel de Economía del año 2017 le fue concedido al colaborador de Daniel Kahneman y economista estadounidense Richard Thaler por sus aportaciones en el campo de las finanzas conductuales.

La mayor parte de las personas que entrevisté para redactar el apartado de las técnicas en el proceso de selección de personal afirmó que incluso los aspirantes a puestos de alta responsabilidad improvisan demasiado. Dicen notarlo especialmente cuando les piden que les hablen de sus áreas de mejora o de los aprendizajes que sacaron de sus experiencias profesionales menos exitosas.

Ya en mi propia experiencia como preparador de funcionarios a plazas de alto rango de la administración pública puedo afirmar que, aunque el opositor tenga temor, incluso elevado, al turno de preguntas, una reacción no extraordinaria será procrastinar e intentar alejarse de la preparación singular de este apartado para centrarse en exclusiva en la exposición oral.

La razón más sorprendente que escuché de uno de mis alumnos fue que prefería no ensayar las preguntas envenenadas porque se ponía muy nervioso durante el interrogatorio preparatorio al que yo le sometía. Eso le causaba un pozo de angustia estresante. Ergo, mejor no prepararlo y dejarse llevar por la improvisación. Ingenioso ¿no?[12]

Llevo algunos millares de alumnos en mis talleres de comunicación persuasiva y liderazgo carismático y entre todos ellos dos personas me comentaron que mi forma de prepararlos era tan meticulosa —uno dijo que obsesiva— que delataba una cierta inseguridad.

Obviamente más la primera vez que la segunda, pero reconozco que el comentario me sorprendió y que me llevó a reflexión. Hasta ese momento nunca lo había percibido de esa forma, ya que las alusiones siempre se centraban en expresar rigor profesional.

Reconociendo abiertamente cierta tendencia no menor hacia una personalidad insegura, desconozco cuál es la base subcorti-

---

12. Ingenioso sí, pero aceptable no. Se preparó a conciencia y el día de autos hizo un papel magnífico porque iba bien entrenado.

cal o la verdad absoluta de los motivos racionales que me llevan a ser tan concienzudo en mi trabajo docente.

Lo que sí tengo claro es que cuando una cosa quiero que salga muy bien, cuando algo me importa de verdad, cuando no quiero cumplir sino superar todas las expectativas: lo preparo mucho, mucho, mucho.

Es más, eso es lo que espero de mi asesor fiscal, de mi médico, de mi abogado —una vez un maldito cabrón negligente no lo hizo y mi buen disgusto y dinero me costó— y de todo profesional en quien deposite algo que para mí sea verdaderamente preciado.

En mi época de juventud tuve un muy brillante compañero de trabajo, dicho sin ningún doble sentido, que con frecuencia elogiaba mi capacidad de esfuerzo con una torcida sonrisilla malévola. El hiriente mensaje implícito era que me asemejaba a la mula de carga que solo sabe sacar las cosas adelante con esfuerzo físico. Por lo tanto, otras personas más tenidas en cuenta por la gracia de Atenea[13] no tenían que sudar para alcanzar resultados similares. ¡Cuán acertado estaba en su sarcástico comentario!

Vivo en la preciosa ciudad española de A Coruña que está, al margen de coyunturas políticas, en el mejor momento de su historia, lo que me permite disfrutar de comodidades, recursos y oportunidades desconocidas para mis ancestros.

El azar genético me ha respetado bastante bien hasta el momento. Más allá de 2 o 3 kilos de sobrepeso, una elegante coronilla prefranciscana, un carácter entrenado para buscar una lección en cada experiencia poco agradable —para muestra la coronilla— y el diagnóstico de la muy humana y excelente profesional de la otorrinolaringología María Eugenia Pérez sobre mis naturalmente escasas capacidades auditivas, me siento en un estado excelente.

---

13. Diosa de la sabiduría según la mitología griega.

Pudiendo haber nacido en el lado del mundo en el que la preocupación se centra en si ese día se va a poder comer o de cuántos kilómetros habrá que caminar para poder beber agua, he nacido en el lado del planeta en el que se nos llena la boca hablando de trabajo digno, de sanidad y educación universales, de las facturas de agua y luz o de la cobertura de la wifi.

Sin haber hecho nada para merecerlo, la fortuna se ha portado ya demasiado bien conmigo. No tengo más que agradecimiento para lo que la vida me ha dado. A partir de esta base, lo demás creo que tendré que ganármelo como mulero intentando superar con esfuerzo lo que por azar la naturaleza me negó sin esperar a enchufe divino.

He aprendido a sacar adelante las cosas que me importaban con esfuerzo, atención y dedicación. No sabré darte otro método, otro mejor consejo que, si te interesa de verdad lo que tienes entre manos, lo prepares y mucho; las preguntas que pudieras recibir en un acto público, en una rueda de prensa, en una entrevista de trabajo o en un juicio pueden tener relevancia en tu devenir, por lo que no serían la excepción.

Lo que expongo en los párrafos previos pueden parecer evidencias incuestionables para el profano. Si las resalto, es por haber podido concluir mediante mi propia *teoría de las paradojas* que, en no pocos casos, el no afrontar tareas que nos atribulan tiene un asombroso y contradictorio efecto placebo.

Un intento fútil de racionalizar estas situaciones me ha llevado a una dilucidación que no por propia tiene que ser certera al no pasar de ser una mera especulación.

Es posible que uno de los motivos por los que las personas procrastinemos en algunas situaciones de riesgo sea porque si no nos hemos esforzado y los resultados no son satisfactorios siempre podemos dejar sin mácula la estima propia, lo que no es tan sencillo de lograr en el caso de que habiéndonos preparado los resultados no nos enorgullezcan.

Refuerza la idea del párrafo previo el abundante perfil del estudiante que habiéndose esforzado lo niega en público por si acaso los resultados no son de los que le permitan vanagloriarse. Todos hemos tenido compañeros que negaban su esfuerzo antes del examen para después sacar notas excelentes.

Mejor asumir la imagen de vago perezoso que la de esforzado con pocas luces.

¡Negra vanidad! Cuántas estupideces nos haces decir... ¡y hacer! Vuelta a la grandeza irracional del ser humano.

Estoy de acuerdo en que, en comunicación, como en todo, hay que dejar espacio a la frescura y a ciertas dosis de improvisación. No seré yo quien intente cercenar el ansia creativa y de desarrollo de la espontaneidad del ser humano.

Sin embargo, no te preocupes por llegar a no parecer auténtico, robotizado o demasiado frío en tus respuestas. Lo cierto es que es literalmente imposible tener previstas todas las preguntas que te pueden hacer, por lo que la capacidad de improvisación y la cintura dialéctica siempre serán cualidades deseables, admirables e incluso muy útiles, lo que no debería llevarte a dejar la totalidad del resultado de tu intervención a que las musas te tengan ese día presente.

Conozco buenos improvisadores ante el turno de preguntas, incluso puedo sentirme entre ellos —disculpa la sinceridad, pero no hace mucho mi admirado Paco Salgueiro Cociña me ha hecho ver que la falsa modestia seguramente sea el mayor exponente de la soberbia. Me resulta bastante hiriente cuando con mordacidad me compara con Guardiola, así que estoy intentando abandonar el club—, pero confiar nuestro éxito de forma prioritaria a dicha habilidad no parece ni profesional ni prudente ni sensato.

Para intentar ubicarla en las coordenadas adecuadas debo añadir que la dosis de improvisación aceptable tiene mucho que ver con la imagen que quieras trasladar de ti mismo, con el sector en el que profeses tu actividad y con el escenario en el que se produzcan las preguntas.

Aunque seamos el presidente de una multinacional líder en su sector, será mucho más aceptable la improvisación si estamos haciendo la presentación mundial de un videojuego que si estamos explicando las medidas que está aplicando nuestro hospital para frenar la posible expansión de una enfermedad altamente contagiosa, así sea como humildes técnicos de sanidad preventiva.

Además, también es diferente que quieras dar la imagen de persona simpaticona y un poco irreverente, que disfruta presentándose como un moderno Peter Pan, al estilo de Will Smith, a que esperes que te perciban como una de las actrices con más garantías ante la cámara, como pudiera ser el caso de Meryl Streep.

Analiza tú y decide en qué bando, el de Will o el de Meryl, quieres posicionarte dentro de tu profesión ya que, con seguridad, ni colegas, ni seguidores, ni críticos esperan, ni toleran, lo mismo a la segunda que al primero. Espero que ambos ingresen los suficientes dineros como para vivir con holgura y comodidad, pero, al margen de lo material, el primero gana simpatías populares y seguidores en las redes sociales y la segunda el Óscar a la mejor actriz en repetidas ocasiones.

Además de los perfiles comentados, hay quien no prepara las preguntas simplemente porque con la virtud viene la penitencia. Algunos profesionales tienen tanta habilidad comunicativa que se sienten con las tablas y la capacidad personal como para salir airoso de cualquier escenario.

También están aquellos que, en defensa de una supuesta autenticidad y espontaneidad, afirman no querer ser vistos como esos alumnos de bailes de salón que cuando salen a la pista todo el mundo sabe que han tomado unas clases porque siempre hacen los mismos pasos, ejecutados con el mismo estilo, lo que provoca que prefieran dejarse guiar por su libertad espiritual.

El consejo para estos es el mismo que para los anteriores, pero como la posición de quien se siente sobradamente competente es un escenario emocional bastante poco permeable a las ideas ajenas, no me esforzaré más en mi cruzada.

Otro efecto secundario de preparar bien las preguntas es que la misma preparación nos permitirá, cuando llegue el dardo envenenado, tener mucho mejor controladas nuestras emociones para decidir el estilo de nuestra respuesta según convenga. Podremos tener dominado el tono para utilizar el sarcasmo, el humor, la indiferencia, la mordacidad o cualquier estrategia que creamos que fortalezca nuestra posición e incluso, de ser el caso, dejando en evidencia al saetero.

Lo comentado en el párrafo previo tiene especial interés para aquellos caracteres que tengan más dificultad para dominar su impulsividad cuando se sienten en el centro de la diana. Con la preparación jugarán con la ventaja de tener mucho más autocontrol, estarán reduciendo sensiblemente las probabilidades de tener un secuestro amigdalar[14] del que arrepentirse.

Si no preparas y dejas al azar las preguntas, salvo que tu espectáculo sea ligero, frívolo o superficial, estás cometiendo una negligencia con tus oyentes, con las personas a las que representas y posiblemente contigo mismo. Con este último estás en pleno derecho, con los demás interioriza que el incumplimiento acarreará consecuencias, sean estas sonoramente explícitas o silenciosas.

---

14. Término acuñado por Daniel Goleman en su libro *Inteligencia emocional* para describir respuestas emocionales inmediatas, abrumadoras y desproporcionadas con el estímulo real que las ha provocado. Coloquialmente nos referimos a estas situaciones como perder los papeles.

6

El análisis forense

El artículo 709 de la Ley de Enjuiciamiento Criminal dispone que el presidente de un tribunal de justicia no permitirá que los testigos respondan a preguntas capciosas, sugestivas o impertinentes.

El fiscal Antonio Roma me comentó que **una pregunta capciosa** clásica es aquella que suele ser incriminatoria en una de sus partes e irrelevante en la otra.

Entonces, ¿después de matar a la víctima se fue usted caminando a su trabajo?

¿Al destruir las pruebas era consciente de que estaba agravando su situación?

¿Cuando los testigos le vieron en el lugar de los hechos fue antes o después de haber cometido el delito?

En los ejemplos una parte de la pregunta pudiera ser insulsa, pero la otra aseveración tiene la aviesa intención de sugerir lo que sin duda tendría importantes efectos secundarios para el enjuiciado, serían preguntas capciosas de libro.

La pregunta sugestiva es aquella que provoca una respuesta afirmativa como única conclusión racional de las afirmaciones previas que le sirven de argumentación al acusador, eliminando la posibilidad de una respuesta diferente a la que se desea obtener.

Las múltiples y acreditadas disputas con su vecino nos obligan a preguntarle: ¿odiaba usted a la víctima?

Ha reconocido la mala sintonía con la víctima y hemos demostrado los beneficios que le supondría su desaparición. ¿No cree usted que tenía razones importantes para acabar con su vida?

Al no poder demostrar que a la hora de los hechos estuviera en otro sitio, ¿no es razonable pensar que sea porque en realidad estaba cometiendo el crimen que hoy nos ha reunido a todos aquí?

Todas estas preguntas pretenden guiarnos hacia una declaración razonable, pero no necesariamente cierta, por lo que en buena lid el juez no debería permitirlas en un juicio con garantías para el enjuiciado.

Y, por último, **la pregunta impertinente** que, dentro del ámbito judicial, es aquella que simplemente se sale de la cuestión enjuiciada, pero que intenta crear un estado de opinión respecto de la persona enjuiciada.

¿Le gusta a usted disfrutar de una vida de lujo y comodidades?

¿Se considera usted un libertino?

¿Sus principios y valores le permiten faltar a la verdad?

Todas estas preguntas serían judicialmente impertinentes porque en un juicio, por lo menos en un Estado de derecho, se juzgan actos y no creencias, pensamientos o ideas.

Por lo tanto, en un juicio algunos tipos de preguntas no están permitidos, existe una figura que si te las formulasen las prohibirá convenientemente. Y si no lo hiciera, tu abogado podría basar su recurso en que el juez hubiese faltado a este precepto. Desgraciadamente, en el ámbito social, periodístico o profesional esa figura ni está ni se la espera.

Fuera de entornos tan exigentes como el judicial, en el día a día de cualquiera de nosotros podemos recibir, con más frecuencia de lo que solemos ser conscientes, preguntas cuya propia formulación buscan un compromiso o aceptación por nuestra parte.

Las capciosas pudieran sonar como las siguientes:

> ¿Adónde vamos a ir de vacaciones, a la montaña o a la playa?
>
> ¿A qué hora vamos a ir a las rebajas?
>
> ¿Lo va a pagar con tarjeta o en efectivo?

Con esta pregunta estamos dando por seguro que vamos a ir de vacaciones, que iremos a las rebajas o que vamos a comprar el producto que sea que estemos mirando. En el caso de que no tuviéramos previamente la aceptación de nuestro interlocutor lo estaríamos logrando de forma implícita mediante la pregunta capciosa.

Principalmente, con las personalidades más maleables la pregunta capciosa suele ser muy efectiva porque salirse del marco de la misma implica un cierto conflicto emocional que a estos caracteres puede costarles un mundo.

Las sugestivas también las podemos escuchar.

> Hija, me alegra que reconozcas que el alcohol es muy perjudicial para la salud de un adolescente porque así podrás comprometerte conmigo en que no irás al botellón, ¿verdad?
>
> Si coincidimos en que en nuestro país somos unos privilegiados y que todos deberíamos hacer más para ayudar a quienes lo necesitan, ¿contamos con su apoyo en nuestra ONG?
>
> Estarás de acuerdo en que si me quieres de verdad, todo el tiempo que pases conmigo te parecerá poco, por lo que no vas a salir hoy con tus amigas, ¿no?

Lo mismo que con la capciosa, salirse del marco de la pregunta sugestiva exige enfrentarse al intento de manipulación, consciente o no, que el inquisidor está creando dentro de la argumentación de su interrogante.

En cuanto a las impertinentes en el ámbito personal o profesional el abanico es prácticamente infinito, pero podríamos advertir especialmente sobre aquellas que pretenden poner en tela de juicio bien la profesionalidad, bien la ética de la persona que recibe la pregunta.

> *¿En qué universidad dice usted que le han dado su título de ingeniería?*
>
> *¿Qué mentiras nos ha dicho en esta hora?*
>
> *¿Cuándo fue la última vez que hizo un curso de actualización de conocimientos?*

Como es perceptible, todas las preguntas del ejemplo previo tienen una intencionalidad poco edificante sobre la credibilidad o la ética de la persona interrogada.

Incluso más allá de las capciosas, las sugestivas o las impertinentes una pregunta tiene en su propia formulación una intencionalidad. Si nos detenemos un poco veremos que la pregunta también nos puede indicar el punto de destino al que desea llegar y cuáles son los objetivos últimos de la persona que la formula.

En bastantes situaciones, haciendo un rápido análisis forense del tipo de la pregunta que estás recibiendo, podrás vislumbrar la intención de tu interlocutor e ir anticipando por dónde se desarrollará con cierta probabilidad el interrogatorio ganando unos preciosos segundos en la preparación de tus respuestas o en un hábil cambio de tercio si la situación lo requiriese.

Teniendo en cuenta que el tipo de pregunta puede ocultar la intencionalidad del interlocutor y que esto condicionaría nuestra respuesta, vamos a profundizar un poco en cómo pueden ser las preguntas tanto atendiendo a la forma de la respuesta que nos propone la pregunta como haciéndolo por el tipo de información que pretende lograr el inquisidor.

Es conocido que los tipos de preguntas más habituales son **las cerradas y las abiertas,** pero hay otras subordinadas de las primigenias menos conocidas como son las directivas y las de opción múltiple.

Vamos a hacer un pequeño análisis forense de cada tipo de pregunta para ver qué se puede esperar de cada una de ellas y así intentar anticipar la intencionalidad de quien la efectúe.

Comenzaremos con los tipos de preguntas por su forma de respuesta.

Preguntas cerradas

Las preguntas cerradas buscan un monosílabo, un dato concreto o una respuesta corta. No están diseñadas para incentivar el diálogo, la reflexión compartida o la búsqueda de empatía entre las partes sino para acotarnos dentro de un escenario.

Lo que se pretende es que el interrogado elimine con su respuesta opciones, alternativas o posibles salidas y que opte por un camino u otro para que una vez desactivada una opción no pueda rescatarla más adelante, aunque fuera de su interés hacerlo.

Como en el primer ejemplo del inicio de este capítulo, las preguntas cerradas pueden llegar a ser consideradas intrusivas y un exceso de ellas incomodarán al receptor que puede sentir que se le está intentando acorralar o llevando hacia un lugar al que no desea ir.

El interrogado puede sentir que se le está intentando afiliar a una posición en detrimento de otras opciones, que se le está pidiendo que revele algo que él considere del ámbito de su intimidad o que se está dudando de su honestidad, por lo que fácilmente se puede molestar.

Incluso en escenarios inicialmente amistosos la reiteración de preguntas cerradas acabará hostilizando el ambiente.

> *¿Te consideras demócrata?*
>
> *¿Crees en la soberanía popular?*
>
> *¿Estás a favor de sacar las urnas para decidir si expulsamos a todas las personas de otras razas de nuestro país?*

Por lo tanto, de una forma consciente o menos consciente cuando recibes una pregunta cerrada, no digamos una secuencia de ellas, la tendencia natural hará que vayas incomodándote un poco más con cada nuevo interrogante y que haya un momento en el que te resulte una situación difícil de soportar.

Además de los fiscales, lo que formulan en última instancia los periodistas de investigación, en ocasiones después de alguna táctica de distracción, son preguntas cerradas.

> *¿Van ustedes a votar a favor de los Presupuestos Generales del Estado propuestos por el Gobierno?*
>
> *¿Considera que su partido es una organización ética?*
>
> *¿Ha aceptado usted regalos de alguna empresa a cambio de su apoyo?*

Una pregunta cerrada busca llegar a la unidad mínima de información reduciendo el abanico de las opciones disponibles dejando sin salida alternativa al interrogado.

Si eres periodista de investigación y logras la respuesta deseada habrás ganado la partida, pero también estate preparado para recibir una coz de vez en cuando porque es un efecto secundario que no hay que descartar.

En todo caso, salvaguardando los escenarios más amigables en los que intentar llevar al interpelado a un lugar común ya conocido de antemano puede ser parte de un juego admitido por las partes, en general la pregunta cerrada no es emitida por alguien que desee nuestro lucimiento sino más bien por quien desea ponernos en algún aprieto, sea por la honesta intención de aclarar algo o por intereses más espurios.

Preguntas de opción múltiple

Como subtipo de pregunta cerrada su finalidad es acotar un marco de respuesta para que el interlocutor elija una de las opciones disponibles.

Como modelo de pregunta cerrada también puede resultar intrusiva, porque en última instancia pretende lograr la significación del interpelado enmarcándolo en un ámbito que no ha sido decidido por él y que, por tanto, tampoco suele generar simpatía entre los interlocutores.

Es un tipo de pregunta muy utilizada en los procesos de cierre comercial para intentar acelerar y forzar la venta en ese momento preciso, sin darle margen al cliente a más tiempo de reflexión y también en el mundo periodístico para lograr el titular.

En el ámbito político los periodistas suelen buscar desesperadamente aclarar la situación de los partidos cuando sus estrategias no son excesivamente transparentes y para ello utilizan, dependiendo de su línea editorial o del posicionamiento político del interlocutor, alguno de los dos modelos:

> ¿Apoyará la investidura del candidato más votado por los ciudadanos, pactará una coalición con los perdedores y los separatistas o provocará unas nuevas elecciones?
>
> ¿Apoyará la investidura del candidato del partido con más casos de corrupción de nuestra democracia, pactará una coalición con los representantes de la regeneración política o provocará unas nuevas elecciones?

Para los partidos puede ser una pregunta envenenada ya que, por una parte, la opción de repetir las elecciones no es del agrado del electorado y por la otra tampoco suelen querer, como es natural, destapar sus cartas en un proceso de negociación.

Generalmente el tema del aborto genera polémica, por lo que un avezado periodista contrario a los postulados de dicho derecho podría preguntar a cualquier político:

> *¿Apoya usted el derecho de la madre a decidir o el derecho del niño a vivir?*

Obviamente, esta pregunta estaría siendo formulada por alguien con una concepción muy determinada sobre lo que significa para ella el aborto.

Si el periodista defendiese la línea editorial de que el aborto es un derecho de las mujeres escucharíamos una pregunta diferente:

> *¿Apoya usted los postulados de la Iglesia sobre el aborto o el derecho de la madre a decidir?*

En este segundo caso se está intentando enfrentar un derecho individual —el de la madre— con los postulados de una institución —la Iglesia— porque en las sociedades laicas se suele priorizar a los primeros sobre los segundos.

En el escenario comercial es muy habitual que un buen vendedor nos haga el cierre con una pregunta de opción múltiple, que en todo caso significará que hemos comprado el artículo en cuestión. La forma de hacerlo podría ser:

> *¿Se lo entregamos en su casa el martes o se lo lleva usted ahora?*
>
> *¿Lo pagará al contado o se lo financiamos en tres meses sin intereses?*
>
> *¿Se lleva la televisión de 45" o la de 50"?*

En realidad, al vendedor le da igual el día de entrega, la forma de pago o las pulgadas del televisor, lo que está buscando con la pregunta es conseguir el compromiso de compra. Salvo que te salgas del marco de la pregunta, lo que a los caracteres menos avezados les puede generar un cierto estrés emocional, respondas lo que respondas lo que toca ahora es pasar por caja a formalizar la operación.

Aun sabiendo que pueden generar rechazo e incomodidad en el receptor y que dependiendo de su carácter la reacción del mismo no siempre será amistosa suelen ser muy efectivas. Principalmente cuando el receptor no está muy formado en técnicas de manipulación.

Por lo tanto, si recibes una pregunta de opción múltiple podrás concluir que la persona está intentando dirigirte hacia un callejón sin salida previamente decidido por él y no por ti.

Preguntas abiertas

Las preguntas abiertas son aquellas que utilizamos para obtener información, pero también para permitir una respuesta amplia que puede incluir antecedentes del asunto que se esté tratando o conocer a la persona y sus sentimientos sobre el mismo. Quien la hace está dando la oportunidad a una respuesta amplia más allá del monosílabo de afirmación o negación.

Son preguntas que dejan ampliar el rango intelectual y emocional del receptor al permitirle que exprese no solo lo que sabe sino también lo que siente, añadiendo los matices que considere oportunos para responder de la forma que él considere más adecuada.

Aceptar antecedentes de poco valor e incluso una cierta dispersión en la respuesta es un efecto secundario inherente a este tipo de pregunta.

Con una pregunta abierta podremos conocer las habilidades comunicativas o hasta qué punto puede profundizar el receptor en un tema en cuestión. También nos permite evaluar la amplitud, la agilidad mental y el fondo de armario intelectual del que dispone quien recibe la pregunta.

En una entrevista de trabajo inicialmente todas las preguntas serán abiertas para crear un clima amigable con el candidato.

Ejemplos de preguntas abiertas:

> *¿Qué papel crees que debe tener el marketing en una organización?*
> *¿Qué piensas sobre nuestra empresa?*
> *¿Qué es lo que te llevó a especializarte en logística?*

Cuando recibimos preguntas abiertas nos sentimos valorados al percibir que nos están dando una oportunidad para mostrarnos sin corsés que nos limiten. Por lo tanto, son las más adecuadas para crear un clima de empatía entre las partes y para iniciar procesos de descubrimiento personal, acercamiento e incluso de negociación.

Las preguntas abiertas son las más adecuadas para ampliar el círculo de las opciones disponibles, para llegar al fondo de la mente, pero también para acercarse al corazón de las personas.

> *¿Qué opinión te merece la política internacional del actual Gobierno?*
> *¿Qué piensas sobre el estilo de juego de vuestro equipo?*
> *¿Qué imagen crees que tiene nuestra empresa en el mercado?*

Una cosa que he podido aprender en mi labor como conferenciante es que estas preguntas también son las que nos hacen normalmente nuestros seguidores, las personas que nos aprecian y que esperan que brillemos públicamente a través de dicha interpelación.

Pero nunca puede uno relajarse porque, como sugeríamos en el apartado de las preguntas cerradas, también son muy útiles como táctica de distracción para ir allanando el camino haciendo que el interlocutor baje la guardia antes del ataque final a base de preguntas cerradas diseñadas para llevarnos al huerto.

> *¿Qué opinión te merece nuestra presencia en redes sociales?*
>   *¿Qué papel crees que debe tener el marketing en una organización?*
>   *¿Crees que eres el candidato ideal para este puesto?*

Con nuestras respuestas a las dos primeras preguntas podemos sentir que nos hemos lucido, pero la realmente importante es la tercera porque es en la que debemos mostrar nuestra habilidad para responder más allá de con simples y lacónicos síes o noes.

Preguntas directivas

Son una submodalidad de pregunta abierta que tiene una clara intencionalidad de sacar al receptor de su marco de referencia y de dirigirlo hacia un punto no determinado, pero siempre más proclive para los intereses de quien interroga.

Como pregunta abierta no es tan agresiva como una cerrada o una de opción múltiple, pero puede llegar a incomodar al receptor al poder percibir que se le está dirigiendo hacia no se sabe dónde.

En el ámbito comercial, son preguntas de valoración que permiten conocer el estado de madurez de un cliente y ver si ya está entrando en la fase de cierre o todavía no ha llegado a ese punto.

También son las preguntas más utilizadas en los procesos de negociación ya que están destinadas a crear escenarios no previstos y más abiertos que los que están en ese momento encima de la mesa.

Las preguntas directivas pueden a su vez ser abiertas o cerradas.

Son directivas abiertas cuando no se están concretando las opciones y lo son cerradas cuando son explícitas.

Por ejemplo:

> *¿En qué tendríamos que ceder nosotros para poder llegar a un acuerdo?*

Esta sería una directiva abierta. Es directiva porque estoy dando por hecho que es posible llegar a un acuerdo y es abierta porque el interlocutor puede crear con su respuesta cualquier escenario no previsto.

> *Entonces, ¿si podemos bajarte el precio un 10% y financiártelo en tres meses firmamos la operación?*

Esta sería una directiva cerrada. Es directiva porque te estoy llevando hacia la conclusión de la operación y es cerrada porque te estoy pidiendo un sí o un no por esas condiciones. Se supone que si respondes afirmativamente a cada parte te estás comprometiendo a firmar la operación, y si dices que sí a una, pero no a la otra, he conseguido eliminar un obstáculo en mi objetivo final por lo que, acto seguido, me pondré a gestionar el siguiente.

En resumen, no son tan intrusivas como las cerradas o como las de opción múltiple, pero tampoco son tan respetuosas como las abiertas puras, por lo que mal utilizadas pueden generar distanciamiento entre las partes. Se utilizan mucho en procesos de compra y venta y en los de negociación entre iguales.

En estas cuatro modalidades creo que se podrían incluir todos los subtipos posibles de preguntas.

Seguidamente abordaremos los tipos de pregunta según el tipo de información que busca el interrogador.

Preguntas por el tipo de información que busca el inquisidor

Es obvio que si queremos informar nuestro mensaje tendrá ciertas características y si queremos convencer o persuadir la estructura y características del mensaje estarán ajustadas a dicho fin. Sin embargo, un mismo mensaje puede tener más de una intención. Un texto, por ejemplo, puede tener varias intenciones comunicativas, aunque una sea la que predomine. Con las preguntas según la información que pretende quien las efectúa pasa lo mismo. Podemos ser receptores de diferentes preguntas y cada una puede intentar aclarar un aspecto concreto.

Preguntas de aclaración de datos puros: pueden girar en torno a la consecución de información personal o profesional que buscan clarificar aspectos del mensajero y del mensaje que, pudiendo ser contrastados, permitan crear un marco personal de valoración del primero y del segundo. Aquí podemos recibir preguntas sobre nuestra trayectoria profesional, estudios o certificaciones académicas o profesionales, informes o fuentes sobre los que apoyamos nuestras tesis, hechos que afirmamos sobre algo y un etcétera prácticamente ilimitado, pero que tendrán como denominador común que pueda ser información demostrable.

> *¿Finalizaste tus estudios universitarios?*
> *¿Durante cuántos años trabajaste en esa empresa?*
> *¿Lo que comentas respecto de tu producto se basa en alguna investigación?*

Preguntas de opinión o valoración personal: suelen ser requeridas para intentar concretar una opinión del interpelado o una valoración personal que no tiene que venir avalada por estudios o fuentes de contraste.

Ante este tipo de pregunta no hay forma de equivocarse, no pone a prueba nuestros conocimientos, pero sí se puede valorar nuestra ética e incluso nuestra profundidad intelectual.

> **1.** *¿Estarías de acuerdo en privatizar algunos aspectos del actual sistema sanitario?*
>
> **2.** *¿Qué opinión te merece la legislación sobre vientres de alquiler?*

Fíjate que esta pregunta alberga una intencionalidad muy diferente si en vez de la expresión «vientres de alquiler» se utiliza la sustituta de «maternidad subrogada».

> **3.** *Como capitán del equipo, ¿crees que el actual sistema de juego del entrenador está penalizando los resultados que estáis logrando?*

Aunque nunca podremos equivocarnos son preguntas cuya respuesta puede entrañar el riesgo de que nos posicione y etiquete ante los demás, principalmente las referentes a cuestiones éticas, lo que puede llegar a tener un coste emocional y social, cuando no también profesional.

Fíjate lo que podría pasar respondiendo a cada una de las preguntas anteriores:

1. Al responder que estás de acuerdo en privatizar partes de la sanidad pública de tu país los defensores a ultranza de todos los aspectos de la sanidad pública te tildarán de tiburón neoliberal e incluso podrás comenzar a escuchar que lo defiendes porque tienes intereses oscuros e inconfesables. Respondiendo que no algunos colegas y pacientes pudieran verte como un pusilánime inmovilista que está intentando mantener sus privilegios y cómoda posición profesional.

2. Apoyando la utilización de los vientres de alquiler puedes ser tachado de estar mercantilizando a la mujer y su capacidad

para ser madre y negándolo se te podría acusar de insensibilidad con el deseo —o la necesidad— de lograr la maternidad de parejas cuyo único pecado es no haber sido bendecidos por la naturaleza.

3. Al asumir que el responsable de los resultados no es el esquema o estilo que está aplicando el entrenador implícitamente estás cargando la responsabilidad sobre los propios jugadores de los que tú eres una parte. Al afirmar que el sistema está siendo el causante estás poniendo al entrenador a los pies de los caballos, lo que no te va a sumar muchos puntos en el aprecio personal de quien hace la lista de convocados para los próximos partidos.

Cuando opinamos o valoramos en entornos profesionales no podemos equivocarnos, pero sí estamos situándonos ante la opinión pública en un bando así que, por ende, podemos vernos enfrentados al opuesto en el caso de que lo haya. ¡Y siempre lo hay!

Preguntas de intención o de acción: son las que se realizan para conocer qué hará la persona entrevistada ante una situación real o ficticia que pudiera darse.

Aunque este tipo de pregunta es de respuesta muy sencilla ya que no hay forma de equivocarse, es la pregunta que nos posiciona al lado o enfrente a nuestros interlocutores.

> *¿Van a apoyar con su voto la moción de censura?*
> *¿Tienes pensado aceptar nuestra propuesta laboral?*
> *¿Vas a venir a la cena de la empresa?*

Tampoco son difíciles de responder desde el punto de vista intelectual, pero, como las de opinión, nos posicionan y en los escenarios de negociación pueden tener la intención de conseguir una información que fortalezca a quien pregunta a costa del debilitamiento del interrogado.

El escenario trampa

No es en sí mismo un tipo de pregunta sino una cadena combinada de ellas que busca envolvernos en nuestras propias respuestas para llevarnos a un lugar en el que, con frecuencia quien hace la pregunta resulta beneficiado y, sobre todo, quien responde resulta poco a poco perjudicado por sus propias respuestas.

Ejemplos de escenarios trampa son los que vemos en las películas de juicios en los que el hábil y habitualmente atractivo letrado va llevando al criminal hacia una añagaza —con frecuencia previa transgresión del artículo 709 de la Ley de Enjuiciamiento Criminal— de la que finalmente no puede salir.

Todos los tipos de preguntas pueden ser parte de una estrategia de escenario trampa. De hecho, lo más habitual es combinar varias de ellas para llegar finalmente al lugar al que quien interroga quería llegar.

Recuerda que lo más relevante es que suelen ser parte de una cadena de preguntas que pretenden que el entrevistado vaya cerrando sus opciones y que vaya pasando de un marco al siguiente sin que pueda salirse del lugar en el que le metieron sus respuestas previas.

Quizá una manera interesante de ver la pregunta trampa es que la más difícil de gestionar es aquella que ha venido precedida de otras que, sin haber sido percibidas como parte de una argucia, nos han dejado sin una salida honorable ante la última pregunta que es la que percibimos como la complicada de gestionar.

Es decir, en ocasiones lo peligroso no es tanto una pregunta sino el escenario que hemos ido construyendo con nuestras propias respuestas antes de recibir el gancho que nos noqueará.

- P. *¿Qué piensa usted de los empresarios que tienen empresas en paraísos fiscales?*
- R. *No me gustan las personas que hacen trampas. Creo que todos debemos contribuir al avance de nuestro país y quie-*

*nes sacan sus beneficios fuera de nuestro sistema tributario
no lo están haciendo.*

– *P. ¿Cree que esas personas deberían ser censuradas por dicho
comportamiento? ¿Le parece una actitud ética?*
– *R. No creo que debamos caer en cazas de brujas ya que la ley
es lo que debe primar en cualquier democracia, pero perso-
nalmente me parece un proceder poco ético.*

– *P. ¿Y si fuese un servidor público?*
– *R. ¡Mucho peor! Los servidores públicos estamos sometidos
a un plus de comportamiento ético que es preciso cumplir.*

– *P. ¿Cree que un servidor público quedaría inhabilitado si lle-
gase a demostrarse que tiene intereses en algún paraíso fiscal?*
– *R. Sin duda alguna.*

– *P. Señor ministro, ¿tiene o ha tenido usted alguna empresa
radicada en Panamá?*

Por supuesto, no está en mi intención que te aprendas deta-
lladamente los tipos de preguntas que hay, pero sí que hagas la
serena reflexión de que una pregunta en sí misma esconde una
intencionalidad, y que si eres capaz de atisbarla, sobre todo en
los escenarios menos afectuosos, esto te puede aportar alguna
ventaja para poder anticipar por dónde vendrán los próximos
dardos y dónde puede estar escondido el golpe final.

7

Training day

Uno de los motivos que aducen los procrastinadores para no preparar el turno de preguntas es que es imposible saber qué te van a preguntar. ¡Discrepo!

Creo que eso solo lo puede decir quien no esté acostumbrado a prepararse para las preguntas. En cualquier entorno profesional las preguntas que podemos recibir son bastante finitas, y detectar la mayor parte de ellas no exige más que una cosa: trabajo.

En mi experiencia, las preguntas que nos pueden hacer no son ilimitadas sino las pertinentes a nuestra especialidad y al escenario en el que nos encontremos.

Ciertamente, si uno se lanza al tuntún a intentar prever todas las preguntas que le puedan hacer puede sentirse atribulado por la tarea. Una preparación profesional de interrogantes posibles no se basa en comenzar a buscarlos como en el juego de la gallinita ciega.

La técnica que yo utilizo y aconsejo es bastante sencilla: **ir de lo general a lo concreto**. Es decir, desde los temas a las preguntas.

Primero hay que centrarse en detectar cuáles son las grandes áreas, los temas, sobre las que podrán versar las dudas de la audiencia para, después de la detección de dichas áreas, ir acercándonos a las preguntas concretas.

Cuando tenemos claro los temas sobre los que podemos ser preguntados alumbrarán de forma natural y espontánea algunas preguntas específicas, y tras ese descubrimiento será cuando podamos comenzar a preparar las respuestas.

Vamos a intentar ilustrarlo con un ejemplo.

Imagínate que eres el director general de una empresa que va a dar una conferencia para hablar sobre un producto que está teniendo un fulgurante éxito en el mercado nacional. El éxito local está provocando un costoso y complejo proceso de expansión internacional sobre el que algunos analistas han mostrado dudas, debido a la aparentemente insuficiente solvencia económica de la empresa. Además, en las últimas semanas han aparecido en Internet comentarios de algunos usuarios expresando su decepción con el comportamiento de dicho producto.

En este escenario las áreas, entre otras, sobre las que podrías esperar preguntas serían:

1. Sobre el producto y el mercado: qué novedad aporta al cliente, su tecnología y su posicionamiento y su relación con los competidores. Es decir, qué hueco pretende cubrir este producto y qué oportunidad parece tener en el mercado.
2. Sobre la estrategia empresarial: estado de la cobertura geográfica del territorio nacional y lo oportuno o no de desarrollar una expansión internacional.
3. Sobre la situación económica: la realidad de los estados financieros de la organización y la posible incapacidad económica para acometer la cuestionada expansión internacional.
4. Sobre las valoraciones negativas de algunos usuarios: los motivos que han llevado a ese tipo de usuario a la insatisfacción y las medidas correctoras que se llevarán a cabo para que el producto salga fortalecido a través de las mejoras que se le aplicarán.

Es decir, para la preparación del turno de preguntas no debemos lanzarnos a la búsqueda del interrogante concreto, sino que debemos comenzar por lo más amplio para ir acercándonos paso a paso a lo más específico.

En cuanto a la preparación en sí de cada tema también me permito apuntarte una sugerencia: la mejor forma de saber cuánto dominas los diferentes apartados y qué partes tienes menos controladas las detectarás con un ensayo a voz alzada, no con una reflexión mental contigo mismo.

El entrenamiento para la preparación del debate con la contestación a preguntas de sus asesores es algo que los políticos estadounidenses vienen haciendo desde hace décadas. Sus homólogos españoles, siempre por detrás en estas lides, llevan también algunos años preparándose defendiéndose de los dardos envenenados de sus jefes de campaña.

El principal objetivo del ensayo oral no es memorizar el mensaje, sino presentir lo que estás exponiendo por lo que, en la misma alocución, detectarás si lo que estás diciendo lo dominas o si tus sensaciones te dicen que en alguna parte concreta de tu respuesta deberías profundizar más al no sentirte suficientemente cómodo.

Ensaya en voz alta, de inicio a fin, tu presentación, discurso, conferencia o respuesta y sentirás qué partes tienes menos dominadas, menos controladas. Ahí deberías profundizar con el estudio y la investigación que te lleven a un incremento de la seguridad, primero percibida por ti mismo y después mostrada ante el mundo.

Una vez tengas detectadas las grandes áreas sobre las que puedas ser preguntado, deberías tener, por lo menos, *una idea fuerza* para cada una de ellas. Es decir, para nuestro ejemplo necesitaremos cuatro ideas fuerza.

El fin de la idea fuerza será convertirse en el comodín, el mantra, que te permitirá desarrollar un mensaje que o bien te potencie, o bien te haga de salvavidas ante cualquier pregunta sobre ese tema en particular. Es tu mensaje personal para ese apartado.

Tener una idea fuerza disponible para cada tema es lo que salva en muchas ocasiones a los políticos cuando el periodista les pone contra las cuerdas. A esto en el mundo de la política se le llama tirar del argumentario oficial.

Además, para que un mensaje cale es imprescindible su repetición hasta la saciedad, por lo que tener un mantra que soltar para cada ocasión que tengamos no es un asunto baladí.

Siguiendo con el ejemplo anterior, la idea clave que podría usarse para neutralizar los temores sobre la debilidad financiera necesaria para la expansión internacional —escenario 3 del ejemplo— podría ser:

> *Las empresas que tienen en su catálogo productos que el mercado quiere comprar pueden tener alguna tensión de tesorería, pero nunca tienen problemas de financiación.*

La idea fuerza que estamos utilizando es que una empresa que vende mucho acaba resolviendo sus problemas de financiación. No se trata de que sea rigurosamente cierto o no, sino de que sea plausible o simplemente algo que seamos capaces de decir públicamente sin sentir mucho rubor y que encaje dentro de nuestra estrategia comunicativa.

Para las quejas que algunos usuarios han manifestado sobre el producto —escenario 4— una idea fuerza podría ser:

> *Efectivamente, hemos detectado que un tipo de usuario que está utilizando nuestro producto de una forma muy singular y que representa un porcentaje muy reducido de nuestra base instalada, está encontrando alguna dificultad. Nuestro departamento de calidad está tratando esta circunstancia como una oportunidad para aportar mejoras a todos nuestros clientes. Esperamos que en breve dichas mejoras estén disponibles para toda nuestra comunidad de usuarios.*

Por lo tanto, la idea fuerza sería dejar el mensaje que en nuestra organización toda incidencia es una oportunidad para la mejora del producto o servicio, lo que no parece una mala estrategia de posicionamiento.

Para reforzar la idea de la necesidad de acometer la internacionalización expuesta en el segundo escenario la idea fuerza podría decir tal que así:

> Hoy no alcanza con ser el mejor en tu mercado, también tienes que ser el más rápido. Tenemos que estar cerca de nuestro cliente potencial y tenemos que hacerlo lo más rápidamente que seamos capaces. En el mercado actual la agilidad y la internacionalización no son opciones.

Con este mensaje estamos intentando desactivar las críticas hacia la internacionalización.

Para el escenario primero del ejemplo tendrías que tener una idea fuerza específica de tu producto y empresa dentro de su sector de actividad.

Finalmente, una vez hayas encontrado la idea fuerza para cada tema es cuando deberías ponerte a especular sobre las preguntas más puñeteras que podrías recibir en cada área, intentando darle la respuesta más conveniente a cada una de ellas, ahora sí, ya de forma concreta.

Hay que tener en cuenta, sobre el punto anterior, que nunca vas a poder llegar a pensar en todas las preguntas que te podrán hacer porque la imaginación del ser humano no conoce límites. En el capítulo de los antídotos ya te comenté cómo creo que se deberían tratar las preguntas cuando no quieras responderlas, pero tenerlas detectadas y llevarlas preparadas siempre te aportará un plus de seguridad que no hay que menospreciar.

También te aconsejo que incluyas un área de preguntas que contemple los temas de actualidad que tengan alguna relación, así sea tangencial, con tu exposición.

En mi caso, rara es la conferencia que imparto en la que no me preguntan qué me parece cómo respondió tal personaje público en una situación tensa o qué opinión me merece el estilo comunicativo de algún político. Ya lo sé y, por supuesto, ya tengo la respuesta preparada.

Por lo tanto, para hacer una correcta preparación del turno de preguntas de una conferencia te sugiero seguir los seis pasos que harán que tu credibilidad salga fortalecida:

1. Detecta cuáles son los temas sobre los que pudieras recibir preguntas.
2. Una vez detectados los temas, prepara una disertación sobre esa área sin buscar en este punto preguntas concretas. Por supuesto, según te vayan surgiendo posibles interrogantes apúntalos, pero recuerda que el objetivo principal de esta fase es detectar cuáles son y dominar mejor las áreas más débiles.
3. Desarrolla alguna idea fuerza genérica para cada tema. Esa idea poderosa será el comodín que te permitirá salir de los bretes en el caso de que la pregunta concreta que te hagan no la hubieras detectado en el paso siguiente.
4. Ahora sí, busca las preguntas concretas más incómodas que pudieran hacerte sobre cada tema. Es el momento de remover la sesera para buscar esas preguntas que crees que podrás recibir. Tanto las más sencillas como aquellas que te pondrán a prueba.
5. Elabora la mejor respuesta que se te ocurra para cada pregunta. Ensaya en voz alta tus respuestas para presentir en qué áreas te sientes más vulnerable y poder profundizar en ellas para reducir esa inseguridad. Algunas serán preguntas sencillas y otras más incómodas, pero lo importante es que no dejes nunca, NUNCA, NUNCA JAMÁS, de tener una respuesta clara para la pregunta más envenenada que se te haya pasado por la mente que puedas llegar a recibir.

Fíjate que no he dicho que tengas una buena respuesta, sino clara.

Hay situaciones en las que seguramente ninguna respuesta será buena, pero lo que es importante en estos casos es que lo que digas lo hagas con solvencia, con claridad y sin balbuceos ni titubeos. Las dudas no harían más que lanzar el mensaje de que en ese punto hay más madera y en estos escenarios lo que procede es intentar neutralizar el asunto lo antes que se pueda para que el interlocutor no desee seguir cavando en ese pozo.

En sus últimos tiempos como Jefe de Estado del reino de España, Juan Carlos I nos dejó para el recuerdo un ejemplo memorable de cómo responder y neutralizar en lo posible una cagada del tamaño de un elefante. ¡O de dos! Al pedir públicamente perdón, mostrar arrepentimiento y comprometer su propósito de enmienda por sus andanzas cinegéticas en un momento de crisis en los que difícilmente sus súbditos le tolerarían excesos asociados a un lujo execrable.

Si tienes una pregunta que temes lleva preparada la mejor respuesta que puedas. No la escondas ante ti mismo con la idea de que así se la estarás escondiendo al mundo. Si a ti se te ha ocurrido entra dentro de lo posible que se le ocurra a alguno de los presentes, por lo que prepárate ante ella.

Aunque la respuesta no te parezca brillante será mucho mejor que improvisar y dejar que tus balbuceos y tu comunicación no verbal hagan descarrilar tu credibilidad ante la audiencia.

No se trata de ser ingenuos. Dependiendo de lo que hayas hecho en tu pasado, sea la que sea la respuesta, los efectos de que te hayan cazado ante algo intolerable serán igualmente demoledores.

En diferentes momentos de la historia los periodistas de investigación han encontrado información que invalidaba a quien en ese momento era una autoridad. Desde el famosísimo caso Watergate a los denominados papeles de Panamá o los posteriores del Paraíso salieron a la luz pública datos que comprometían la honorabilidad de personajes que en aquel momento representaban a instituciones de países con una reputación que mantener en la esfera internacional.

Ocurre que reconocer determinadas cosas invalida al aludido para ser el dirigente de un país serio y democrático en el que a los dirigentes se les exige un cierto ejemplo, sino ético por lo menos estético.

Sin embargo, tener preparada una respuesta gallarda podría ahorrar al interpelado el bochorno de verse ante el mundo con la sensación de haber sido pillado con las manos en el carrito de los helados, pudiendo haber transmitido una imagen personal de un líder con no demasiada ética, pero con cierto temple.

¿Y transmitir una imagen de cierto estoicismo para qué puede servir en estas circunstancias? Solo para demostrar que el pillado con las manos en la masa es una persona con la serenidad y el autocontrol exigible a un dirigente con las capacidades para gestionar adecuadamente los imprevistos más desequilibrantes, lo que podría reportarle al aludido beneficios personales futuros en ese o en otros ámbitos.

6. Y, por último, algo que solo hacen los más esforzados profesionales. Prepara también los temas de actualidad que pudieran tener una relación, así sea colateral, con los asuntos que vayas a tratar. Es posible que no surja nada al respecto, pero en caso de que lo hiciese mostrarás músculo intelectual y podrás ganar enteros ante interlocutores y audiencia.

Por supuesto, esta última fase es la más prescindible entre los profesionales de la sociedad civil, pero absolutamente innegociable entre los servidores públicos que constantemente sufren el acoso de la presión mediática. Hasta cierto punto, aunque en esto habría mucho que deliberar, es algo que les va en la nómina.

En realidad, el principio básico para preparar las preguntas es absolutamente natural ya que es como hemos estudiado siempre para los exámenes. Al no saber las preguntas que te podían caer lo que hacías era intentar dominar todo el temario para así estar preparado para cualquier interrogante.

Por supuesto, las pocas veces que hemos tenido las preguntas antes del examen eso facilitó mucho la tarea de alcanzar una buena nota, pero como las ocasiones fueron tan contadas no creo que hayas llegado a donde sea que estés con la técnica de conocer las preguntas antes de tener la prueba en tus manos.

Método para la preparación de las ruedas de prensa y entrevistas periodísticas

Preparar de forma profunda una entrevista con un periodista nos exige especular, mediante el análisis de la línea editorial del medio y de los artículos del profesional que nos vaya a entrevistar, si el medio pretende documentarse para crear un artículo sin ningún prejuicio o si este ya está redactado y lo que está buscando son fuentes y titulares al servicio de su artículo.

Saber si el artículo o la línea comunicativa de la entrevista ya está decidida es vital, tanto para aceptar o declinar la invitación del medio como para diseñar nuestra propia estrategia comunicativa.

Si, siendo representante de un partido político proaborto, te invitan a un programa de una televisión cuyo único accionista sea la Iglesia Católica no deberías esperar mucha filia ni en las preguntas que vas a recibir ni en la interpretación de tus respuestas. Si, siendo un economista liberal, te llamasen de un periódico de un sindicato tampoco deberías esperar mucha neutralidad informativa. En ambos casos posiblemente no llegues a ser más que una fuente útil para emitir un mensaje con una idea prefijada que no tendrá mucho reparo en utilizarte en su objetivo editorial.

La persona que entrevisté que mejor me pareció que preparaba las ruedas de prensa y las entrevistas periodísticas admitió repasar todas las noticias de su sector publicadas por el medio en cuestión durante el año previo. Estudia su línea editorial e intenta tener información sobre el periodista, su estilo y su posicionamiento personal, si este se pudiera inferir a través de sus artículos. Fue la persona que me advirtió sobre la oportunidad de especular sobre si el artículo está ya escrito y el periodista solo desea un titular, una fuente que refuerce sus tesis, un ejemplo que ilustre dicho trabajo o si está intentando crear un documento sin ideas previamente fijadas. Acto seguido, asume el papel de *sparring* ante su responsable de comunicación que se despacha, como gran profesional que es, a gusto dándole duro donde más le duela.

Este es el paso a paso de la preparación de la entrevista periodística:

1. Estudia la línea editorial del medio que va a entrevistarte. Revisa las últimas noticias que haya publicado al respecto y saca tus conclusiones sobre su posicionamiento.
2. Estudia el estilo y la opinión del periodista que te va a entrevistar.
3. Especula sobre si el artículo ya está escrito y si solo buscan fuentes de refuerzo o titulares o si se están acercando al tema exclusivamente por interés informativo sin posicionamiento ideológico previo.
4. En este punto sigue los seis pasos del método sobre cómo preparar las preguntas para una conferencia que hemos expuesto en las primeras páginas de este capítulo.
5. Busca un entrenador de confianza que te interrogue con preguntas lo más incómodas e inquisitivas que se le ocurran. Pídele que sea incisivo y que no sea ni cortés ni condescen-

diente en la escenificación, sino que vaya a por ti con todas sus fuerzas y ganas.

Desde el inicio del siglo xx y hasta que en 1983 el papa Juan Pablo II abolió la figura del abogado del diablo se hicieron 98 canonizaciones. Solo en el papado del mencionado se realizaron casi 500, no menosprecies la seguridad que pueda darte un preparador profesional, serio y honesto.

Una de mis frases favoritas con mis clientes es: «**Si tu asesor de comunicación no te hace sufrir en la preparación es que realmente no te quiere**».

Casi nadie prepara adecuada y suficientemente las ruedas de prensa y después surgen los lamentos. Lamentos que suelen ser más frecuentes en los perfiles acostumbrados a confiar en sus habilidades comunicativas, lo que provoca que vayan a enfrentarse a lo desconocido fiándolo todo a su capacidad innata y experiencia o a la bondad del interlocutor.

Método para la preparación de las visitas al juzgado

Si bien los abogados penalistas que entrevisté me comentaron que ellos preparaban mucho y con presión a sus clientes, lo que me comentaron los jueces y fiscales es que normalmente no percibían tal preparación en el acusado, más allá de una estrategia escénica —habitualmente intentar dar pena— o que soltase una expresión jurídica exacta que les pidió el abogado ante una pregunta concreta.

Dejar la preparación de un interrogatorio judicial únicamente a «decir la verdad de lo que sucedió» y al difuso recuerdo de algo que ha pasado hace algunos años puede tener consecuencias muy desagradables.

Teniendo en cuenta que ante un tribunal puedes no responder, pero no puedes mentir y que las evasivas en determinados entornos jurídicos el juez puede tomarlas como una confesión, parece que la preparación cuando vayas a declarar a un juzgado se hace más que aconsejable.

Una técnica muy habitual de los interrogatorios que buscan detectar mentiras consiste en realizar las preguntas a la inversa —pedir que comiencen de atrás hacia adelante— o por partes, ya que la mentira se prepara en una secuencia lineal de inicio a fin, pero no solemos tener interiorizados esos pasos fuera de la secuencia.

Imaginemos que eres testigo de unos hechos que tienen cinco hitos. Lo que normalmente esperarías es que te pregunten secuencialmente por el primero para acabar con el quinto. Un buen interrogador te puede preguntar por el tercer hecho para pasar al primero, saltar al quinto y de este al segundo para finalizar con el cuarto para, de esta manera, averiguar si lo que dices que sucedió es realmente lo que viviste o si es una invención.

Vamos a ilustrarlo con un ejemplo. Imagina que sabes que en un juicio te van a preguntar lo que hiciste entre las 18:00 h y las 22:30 h de un día concreto.

Lo normal es que crees una secuencia del estilo: salí de trabajar, cogí el coche en el aparcamiento, fui a echar gasolina para, posteriormente, ir al supermercado a comprar sopa, cebollas, pan, pasta y bebidas, donde hablé con el cajero sobre el tiempo. Cogí nuevamente el coche para ir a comprar unas zapatillas de deporte y después me acerqué a ver a mis padres. A las 22:15 h estaba subiendo a mi casa.

Un buen interrogador te preguntaría:

¿Qué compró en el supermercado?

¿Qué bebidas y cuántas unidades de cada?

¿Qué hizo usted entre la salida de la oficina y la llegada al supermercado?

¿Antes de comprar las zapatillas dónde estuvo?

¿Qué bebidas nos dijo que había comprado?

¿A qué hora salió de trabajar?

Es decir, el inquisidor intentará ver si las actuaciones son parte de una secuencia memorizada o si son experiencias vividas.

Por otra parte, parece ser que las personas que no tenemos experiencia en estas lides judiciales solemos centrarnos mucho en intentar defender nuestra versión y en lo que pensamos que éticamente justificará nuestros actos, cuando lo que hay que preparar muy bien son las acusaciones concretas que se nos hacen sin entrar en aspectos colaterales o adyacentes a las mismas o a la moral propia para justificarlas.

Los profanos tendemos a asociar justicia solo con moral y ética cuando en la práctica diaria de los tribunales es una disciplina más cercana a la ingeniería de los procesos que a la filosofía. Un juicio es un escenario mucho más técnico —articulado legal, sentencias y jurisprudencia precedentes, doctrina de las instancias superiores— de lo que solemos pensar.

En los asuntos de palacio, el que tu abogado sea el que tiene que ser y que te prepare en lo que realmente tiene que prepararte es lo más importante.

En todo caso, el comentario del apartado previo sobre el asesor de comunicación creo que tiene en el escenario judicial mucho más valor aún: «Si tu abogado no es capaz de prepararte con pasión no será capaz de defenderte con decisión».

Parece que la confianza que tenemos en nuestras capacidades son bastante generosas y que eso nos lleva a actuar de la misma manera en casi cualquier escenario en el que nos encontremos. Solo espero que los pilotos de avión y los cirujanos no confíen tanto en la suerte y lo hagan un poco más en su preparación.

Como apunte final quiero recordarte que preparar no es solo pensar en el asunto. **Preparar es poner en negro sobre blanco los temas, las ideas fuerza, las preguntas y las respuestas concretas para, acto seguido, entrenar a viva voz tanto las primeras como las segundas.**

Si estás ante un escenario profesional exigente en el que te estés jugando algo para ti importante, más que aconsejable es imprescindible que en el proceso de entrenamiento cuentes con alguien de tu máxima confianza que haga las veces de tu interlocutor más adverso y que evalúe con sinceridad descarnada tus respuestas y el acompañamiento no verbal a las mismas.

En una ocasión, un jugador de fútbol de primera división se puso en contacto conmigo para ver si le podía ayudar a salir de un bache que estaba pasando en su juego. En la reunión me comentó que la expresión popular que afirma que «se juega como se entrena» no es muy cierta porque parece ser que hay jugadores que no dan lo mejor de sí mismos en los entrenamientos, pero que se crecen en la competición. Y viceversa, jugadores que entrenando muy bien se ven superados por la presión del campo de juego. No obstante, creo que todos podremos aceptar que entrenar con presión será un buen consejo para ir lo mejor preparados que seamos capaces el día en el que tengamos que saltar al campo de juego.

8

Más vale prevenir:
Las 9 claves para organizar un turno de preguntas controlado

En este capítulo vamos a centrarnos en cómo debemos organizar con garantías el coloquio de una conferencia profesional sin pensar en la naturaleza de las preguntas.

Salvo que sepamos que vamos a enfrentarnos a escenarios hostiles, como el jurídico, o a crear conflictos de intereses ante colectivos afectados por nuestras declaraciones, casi nunca sabremos si vamos a recibir preguntas envenenadas o no, por lo que siempre debemos intentar ir preparados para lo que pueda aparecer.

El demonio de la técnica

En mis talleres de comunicación he podido constatar que, en aras de una supuesta autenticidad y espontaneidad, está demodé la utilización de técnicas, y parece que no solo a la hora de hablar en público. En general, parece que hemos decidido valorar de forma generosa la espontaneidad y una cierta dosis de improvisación. Bueno, esto en la teoría discursiva porque en la realidad diaria la sociedad es cada vez más implacable con quien la pifia.

La tendencia actual dicta que incluso muchos profesionales que se dedican al entrenamiento en oratoria postulen la necesidad de olvidarse de las técnicas para buscar la espontaneidad en la comunicación.

A pesar de ello, en este capítulo voy a exponer claves y técnicas que pueden ayudarte a gestionar el turno de preguntas. Obviamente, el que las utilices o no depende exclusivamente de ti, pero sí quiero intentar desactivar algunos demonios que puedas tener en cuanto a la utilización o no de técnicas.

Cuando trabajo en la preparación de un candidato para la defensa de su proyecto ante un tribunal, lo hago hasta la extenuación para que tenga interiorizado y previstos todos los aspectos que se nos ocurra que puedan surgir en el escenario al que se va a enfrentar. Y si esa preparación le resta espontaneidad, le respondo que el que quiera espontaneidad que se vaya a… ¡Leches! Nunca se me ocurre adónde enviarles.

¿Cuando vamos al teatro no han ensayado previamente los actores? ¿No lo han hecho los músicos cuando vamos a escuchar una orquesta sinfónica? ¿Cuando vamos al Circo del Sol? ¿Cuando escuchamos un monólogo? ¿Cuando vamos a la ópera? ¿Cuando vamos al fútbol no han entrenado antes los jugadores? ¿Cuando vamos al cirujano no ha estudiado, hecho el MIR, asistido a cursos y conferencias para conocer y dominar la técnica? ¿Cuando contratamos a un abogado esperamos que improvise o que lleve nuestro caso trabajado? ¿Cuando hacemos la declaración de la renta, al asesor fiscal le pedimos espontaneidad o trabajo y experiencia para pagar lo menos posible? ¿Cuando preparamos una oposición? y ¿una tesis doctoral? A ver, que alguien me diga alguna profesión que se base en la espontaneidad y en la improvisación o, mejor aún, en la no preparación.

Quizá no nos hayamos parado a pensarlo, pero debajo de la ejecución todos tenemos una técnica para cada cosa que hacemos. Hasta tenemos técnicas para escuchar y para esas actividades en las que somos más pasivos que activos.

Las tenemos para estudiar, para jugar al parchís, para afeitarnos, para maquillarnos, para hacernos la cera, para sentarnos en el sofá o en una silla y para levantarnos de estos, para conducir, para cocinar, para atender a los clientes, para dar clase, para tratar a los pacientes, para atarnos los zapatos, para escribir —empieza a utilizarse en criminología la denominada grafología forense para localizar al redactor de un escrito incriminatorio—, para lavarnos el pelo, para hacer el amor —técnica adaptada a la exigencia de las expectativas creadas y de la interlocución— y, por supuesto, también para comunicarnos, argumentar y debatir. Algunos hasta tienen técnicas para desenvolverse como espontáneos improvisadores.

Del párrafo previo quiero destacar especialmente la última reflexión: dejarse llevar por la improvisación, en última instancia, es una técnica que aprendemos a utilizar buscando recibir algún beneficio del interlocutor o del auditorio.

También creo relevante resaltar que nuestras técnicas pasan por diferentes fases, por una evolución natural.

No conducimos igual cuando sacamos el permiso que cuando llevamos cien mil kilómetros recorridos. Nuestra primera tortilla no la preparamos de igual manera que la número mil y ningún actor que afirme que se deja llevar por su talento y por la improvisación improvisa de igual manera hoy que hace 30 años, porque «haciendo y deshaciendo la niña va aprendiendo» y a eso le llamamos experiencia o, dicho de otra manera, técnica depurada e interiorizada.

Aunque el filósofo norteamericano Sidney Hook afirmaba que la gran diferencia entre ciencia y arte viene determinada por el hecho de que la creación de un artista siempre sería única y que, por contra, cualquier descubrimiento científico podría ser descubierto por otro investigador, un denominador común de ambas disciplinas es que cuentan para su desarrollo con técnicas.

Ciertamente, aun siguiendo su técnica, sin Miguel Ángel la capilla Sixtina sería diferente, sin Beethoven la Novena Sinfonía no sonaría igual y sin nuestro maestro Mateo la catedral de Santiago simplemente sería otra.

Por lo tanto, aunque no siempre tengamos la capacidad para percibirla, la técnica siempre está presente.

En teoría del aprendizaje, cuando algo hacemos muy bien gracias a su repetición, se podría decir que alcanzamos el estatus de ser inconscientemente competentes. Es decir, lo ejecutamos con maestría sin ser conscientes de cada parte individualizada del proceso, pero sin duda, por debajo, habrá un proceso y su técnica correspondiente.

Al hablar en público lo que hay que trabajar es la credibilidad, que no es lo mismo que la espontaneidad ya que no siempre el segundo atributo es el más oportuno. ¿Alguien piensa que el expresidente Obama no tiene en su oratoria una técnica que ha pasado por diferentes fases?

En una defensa comprometida de mi perspectiva expondré que aquellos profesionales de la comunicación que defienden en sus conferencias, seminarios, jornadas, cursos, talleres o publicaciones la naturalidad y la espontaneidad en contra del uso de técnicas creo que, en ocasiones sin intención aviesa y en otras con ella, les están haciendo un flaco favor a sus seguidores y alumnos.

Es más, la totalidad de los predicadores de la naturalidad que yo he visto no soportan ni un análisis a vuelapluma de su estilo comunicativo sin encontrar técnicas en su personal estilo de comunicación.

A los cursos de comunicación asisten dos tipos de alumnos: los que aun desenvolviéndose bien desean subir de nivel y los que haciéndolo de forma deficiente quieren comenzar a superar esa debilidad.

Los alumnos que están a disgusto con su actual desempeño como comunicadores no son un porcentaje menor, por lo que si les dijese que lo que tienen que hacer es mostrarse naturales y espontáneos y olvidarse de la utilización de técnicas que les ayuden a mejorar, su inconsciente interpretaría el consejo como un «*quod natura non dat, Salmantica non praestat*»[15] o, lo que es lo mismo, este arte no está a tu alcance, así que ajo y agua.

Por contra, sí les enseño unos trucos que les aporten un cierto sosiego. Si buscamos con qué técnicas se sienten más cómodos y cuáles encajan mejor con su estilo y personalidad y comienzan a explorar su utilización, aceptando que al principio se sentirán poco competentes, pero que con la práctica cada vez se verán menos inseguros, estarán recibiendo un camino para el aprendizaje, la mejora y el avance quizá lento pero continuo.

La técnica es una herramienta que también hay que trabajarla. Primero en la búsqueda, para ver cuál encaja en tu propio estilo y personalidad. Después, para pulirla hasta que la tengas interiorizada y que en ti sea percibida como natural y que tú te sientas cómodo con ella.

Todos mis alumnos coinciden en que una de las cosas más complicadas que tiene que hacer cualquier comunicador, conferenciante o autoridad es cómo gestionar las manos mientras está esperando su turno de intervención o simplemente posando ante los medios de comunicación gráficos.

En cómo utilice las manos el personaje en ese momento de espera va una gran parte del mensaje no verbal que fortalecerá o debilitará la imagen pública del mismo ante el auditorio.

No solo las manos, ya que toda la comunicación no verbal tiene que ser coherente con el entorno, pero las manos sin

---

15. «Lo que la naturaleza no da, Salamanca no lo otorga.» Proverbio latino que advierte que cuando la naturaleza no nos ha aportado cualidades para el estudio y el aprendizaje la universidad nada podrá hacer por nosotros.

duda serán una de las grandes mensajeras de nuestro estado anímico.

Para dar la máxima imagen de control emocional en la espera o cuando estemos haciendo un posado, las manos deberán estar caídas a ambos lados del cuerpo con los brazos y los dedos muy ligeramente flexionados para perder la pose marcial.

Inicialmente, esa pose pudiera parecerte poco natural, pero cuando se aprende a hacer de forma correcta es la que transmite mejor autocontrol y mayor autoridad.

En la página web del libro, podrás ver algunos ejemplos gráficos (https://goo.gl/VM1UHv).

Sin tener mucho trato personal con ninguno de los figurantes que allí comento, puedo afirmar por experiencia propia que ellos no se sienten incómodos con esos posados. La repetición de la técnica ya ha logrado que lo que a otros les pueda parecer algo poco natural a ellos les salga sin esfuerzo. La técnica necesita de la repetición y eso es así en todas las disciplinas.

Hay un aforismo, en algunos sitios atribuido a Aristóteles, que afirma que la repetición es la madre de la enseñanza. Sea quien sea su propietario, es indudable que es una sentencia muy acertada.

Por otra parte, cuanto más consciente seas de tu técnica y más la practiques, más la interiorizarás como tu forma de mostrarte hasta que esa técnica llegue a ser sentida de forma natural para ti, pero también para los demás.

Utiliza técnicas en tus entrevistas de trabajo, ruedas de prensa, turnos de preguntas o reuniones y sin duda irás progresando en tu desempeño. Déjalo al azar y a la improvisación y nunca podrás avanzar en dirección alguna porque te moverás sin destino y, por lo tanto, sin capacidad de mejora.

A continuación conocerás las 9 claves que te permitirán organizar correctamente y tener controlado el turno de preguntas para que todas tus conferencias y exposiciones públicas finalicen con un éxito memorable.

Primera clave: El final mejor al final

Hasta aquí hemos advertido hasta la saciedad que el turno de preguntas es un momento de riesgo que nunca podrás tener totalmente controlado. ¡Pues vuelve a recordarlo!

Aunque podrás tener previstas muchas preguntas de las que te puedan hacer, y espero que tengas una idea fuerza que te permita salir airoso de casi todas las situaciones, nunca podrás estar preparado para todas las circunstancias. En el caso de que alguien se obstine no podrás evitar un ataque y, sobre todo, por muy preparado que vayas no estás exento de equivocarte por lo que, siempre que te sea posible —y casi siempre lo es—, no acabes tus conferencias con el turno de preguntas.

Por mucho que te hayas preparado es posible que te equivoques, que no gestiones bien alguna pregunta y si eso sucede dejarás en los oyentes y en ti mismo un mal sabor de boca. Nunca acabes tus exposiciones y conferencias con el turno de preguntas.

Aunque la situación se desarrollase con normalidad, si acabas tu charla con el coloquio lo que estás haciendo es dejar en manos del azar de la última pregunta la imagen final que el auditorio se lleve de ti. Si la pregunta que te hacen te permite lucirte, ¡enhorabuena! Has tenido suerte. Si es una chorrada, la última imagen que se llevará el auditorio de ti será respondiendo a una necedad.

El postre es la culminación de toda buena comida y se sirve al final para dejar el mejor de los gustos en el paladar. Si dejas el último momento de tu exposición pública al azar de las preguntas, será este quien decida qué sabor dejas en el auditorio y en tus propias sensaciones, que serán las que te fortalezcan o debiliten para la siguiente experiencia.

Ya sé que es lo que hace todo el mundo. Ya sé que es lo que se acostumbra, pero también sé que el cambio no solo es posible, sino que es muy sencillo, aunque en este momento ni siquiera atisbes cómo hacerlo. Es mucho más fácil de lo que parece.

Si estás en una mesa redonda dependerás del moderador, pero siempre puedes, antes de empezar, solicitarle que después de la última pregunta, y antes de que él haga su cierre, te permita unos segundos para dejar tus tres ideas finales. Si el moderador es inteligente le habrás dado una idea para que lo haga con todos los participantes.

Si tienes que impartir una conferencia y la organización te da un tiempo que incluye un turno de preguntas todavía es más sencillo. Lo único que tienes que hacer es gestionar el tiempo dejando unos minutos para tu cierre final.

Por ejemplo, si te dicen que dispones de 40 minutos incluyendo preguntas lo que deberías es preparar tu charla para poder anunciar la apertura del coloquio en el minuto 30. Dejar que te hagan preguntas hasta el minuto 37 o 38 y en ese momento cerrar la última intervención para acabar con tu mensaje final poderoso y así poder acabar en el tiempo comprometido.

Para no ser repetitivo verás en el capítulo siguiente la secuencia exacta de cómo lo hago yo.

Obviamente, lo que te estoy sugiriendo es que tengas un cierre preparado que valga la pena y no el típico agradecimiento de despedida. Un final que transmita el mensaje y la imagen de ti que tú hayas decidido que se lleven. Debería ser un último bocado que deje un gran sabor de boca.

En algunos escenarios, como en una defensa ante un tribunal, no podrás hacer lo que te propongo ya que la normativa de la exposición es mucho más rígida, pero son casos muy acotados y poco frecuentes.

Cierra la sesión sacando el último as de tu manga buscando la apoteosis del aplauso final, dejando la imagen que tú previamente hayas decidido dejar, por lo que nunca acabes tus exposiciones con las preguntas.

Segunda clave: Deliberando que es gerundio

En ocasiones utilizamos las palabras más por lo que creemos que significan que por su significado académico.

A debatir suele dársele la acepción de intercambio de ideas que pueden llevarnos a un lugar común, utilizándose como antónimo de enfrentamiento. Lo cierto es que debatir es discutir un tema con opiniones diferentes y un debate es, según el *Diccionario de la lengua española (DLE)*, una contienda, lucha o combate, esperemos que exclusivamente dialéctico.

Un debate puede ser un intercambio de opiniones civilizado, pero no necesariamente amigable ya que una parte está buscando vencer a la otra.

El debate no pretende que ninguna de las partes modifique su posición de partida. Cuando dos políticos debaten, en realidad, no están intentando convencer al adversario sino solo vencerle ante la opinión pública para lograr para sí el voto que no quiere que se lleve el contrincante. No están buscando la razón o el alumbramiento de nuevas ideas, enfoques o escenarios sino únicamente ganar llevándose el premio de su boleta en la urna electoral.

El debate se realiza entre adversarios con legítimos, o no, conflictos de intereses.

Por el contrario, deliberar es considerar los pros y contras de algo antes de tomar un camino.

La deliberación se da entre colegas sin que medie interés ni en defender ni en modificar el *statu quo,* es un acto generoso e inteligente de acercamiento a la verdad o a un nuevo escenario no previsto.

Por ello, cuando abramos un coloquio en un escenario profesional una aclaración que nos evitará muchos disgustos —siempre que estés en este posicionamiento intelectual— es anunciar que estamos allí para disfrutar de la deliberación y no para enredarnos en un debate dogmático.

Anunciar que estamos dispuestos a cambiar de opinión, caso de que apareciesen datos o enfoques que así lo aconsejasen, nos dará el poder de ser flexibles y de aceptar un cambio sobre cualquiera de los puntos que hayamos podido defender previamente, sin tener que acudir al engaño, a la mentira o a asumir posiciones maximalistas.

Yo llevo este anuncio a un nivel superior al solicitar del auditorio que envíen sin temor sus discrepancias.

Según te anuncié en el capítulo previo, expongo la secuencia completa de cómo lo hago, por si pudiera serte de utilidad.

1. *Aún no hemos acabado, pero yo nunca acabo mis charlas con las preguntas por lo que ahora, previamente a los reveladores y espero que sorprendentes mensajes finales,[16] vamos a abrir un coloquio, pero antes de recibir la primera pregunta permítanme una declaración de principios.*

2. *Personalmente hace tiempo que no me interesan los debates. Debatir es confrontar ideas fijadas solo con ánimo de vencer al adversario. Es lo que hacen los políticos. Nunca cambiarán de opinión sean cuales sean los argumentos del otro.*

3. *Por el contrario, deliberar es exponer argumentos con ánimo de enriquecer a los participantes que, a la vista de nuevos datos o enfoques alternativos, pudieran variar su posición inicial.*

---

16. Anuncio que quedan cosas interesantes para que nadie abandone su asiento pensando que la charla se acabó y consiguiendo que todo el mundo siga sentado en sus asientos.

4. *Yo vengo aquí a compartir con ustedes unos estudios, unas investigaciones y unos enfoques que me han llevado a unas conclusiones, pero si ustedes aportan otras diferentes que me permitan convencerme de una nueva tesis estaré agradecido y encantado de mudar mi opinión previa. Eso significaría que saldré de esta sala más enriquecido que cuando entré.*

5. *Por lo que, adelante con sus discrepancias. ¿Quién es el valiente que va a hacer la primera pregunta?*

Creo que este anuncio genera un plus de credibilidad porque estamos trasladando una seguridad absoluta, no tanto en nuestra posición sino en nosotros mismos.

Además, anunciar que estamos dispuestos a cambiar de opinión nos humaniza ante el auditorio, lo que reducirá el nivel de hostilidad que pudiera haber y nos aporta la tranquilidad de poder mudar de posición sin sentir que nuestro ego esté saliendo malherido lo que pudiera provocar el acceso a la tan peligrosa mentira o al enfrentamiento personal.

Por supuesto, en el caso de que te hagan un planteamiento absolutamente contrapuesto a tus tesis o ideales no tienes por qué asentir. Siempre puedes reclamar tu posición desde el respeto y para ello el humor siempre es un gran aliado. Una respuesta del estilo «en esto estoy en la acera de enfrente. Entiendo y respeto tu opinión, pero estoy muy lejos de compartirla» con una sonrisa abierta y franca en el rostro puede ser una estrategia.

Por último, recuerda que es un coloquio abierto a todos los asistentes, más allá de que entres en debates o deliberaciones, ten presente que es un momento para que expresen sus inquietudes todas las personas del auditorio que lo deseen. No es aconsejable que permitas que nadie monopolice el momento permitiéndole que realice más de dos preguntas porque, en caso contrario, el resto de asistentes se convertirán en convidados de piedra.

Si estás generando un diálogo interesante con alguien convócale para el descanso, pero, a no ser que nadie más quiera participar, no es elegante que dejes que solo una persona domine el turno de preguntas y respuestas por muy interesantes que estas os parezcan a ambos.

Tercera clave: Huyendo del agorero

A las personas se nos identifica con las emociones que provocamos en los demás. Si hacemos que la gente se sienta optimista con su futuro y bien con ellos mismos, así nos recordarán; y si provocamos tristeza o angustia alumbrarán esas emociones cuando piensen en nosotros.

No tener presente lo comentado en el párrafo previo es lo que hace que algunas personas se sorprendan cuando los demás les adjetivan de una forma que difiera radicalmente de cómo ellos se ven a sí mismos.

Según la mitología griega, Casandra adivinaba el futuro, pero a causa de una maldición de Apolo nunca sería capaz de convencer a nadie de sus profecías. He conocido en mi vida a algún seguidor de la sacerdotisa que, a pesar de no estar entre los más lúcidos del entorno, con frecuencia nos castigaba con sus infalibles dotes de adivinación.

Pocas personas inteligentes son admiradores de los agoreros, de los cenizos y de los seguidores de la teoría de la conspiración.[17] Aunque el tema sea espinoso —y a menos que cobres por hacer desgraciadas a las personas o hayas tomado la deci-

---

17. En una conferencia de Alfons Cornella escuché cómo este afirmaba que los estudios demuestran que hay una relación entre el nivel cultural de las personas y su nivel de confianza en los demás. Los más confiados son los más formados y los más desconfiados los menos cultivados.

sión de utilizar la molestia[18] para tu estrategia de posiciona-
miento personal—, busca la respuesta que pueda dar alguna
esperanza a los oyentes sin tener que caer en la falsedad o en la
ingenuidad deliberada.

Más allá de la marca personal, los mensajes catastrofistas
no logran, diría que nunca, el efecto deseado de reacción y ha-
bitualmente provocan lo que en psicología se denomina *reac-
tancia*, es decir, el efecto totalmente contrario. Otra paradoja
para el caldero.

Si voy a una conferencia sobre el cambio climático y ante
una pregunta el experto responde: «Ya es demasiado tarde. Es-
toy seguro de que nuestra especie estará extinta en menos de cien
años», mi reacción será encogerme de hombros y pedir una caña.
O dos, por si se adelanta el apocalipsis.

En cambio, si el conferenciante responde «ciertamente, to-
dos los datos apuntan a que en menos de un siglo habremos
desaparecido. Sin embargo, si desde hoy mismo cada uno de no-
sotros... [en este momento diríamos lo que queremos que hagan
los presentes] entre todos podríamos revertir esta tendencia. Es-
toy seguro de que lo lograremos, porque nuestra especie ha de-
mostrado que da lo mejor de sí misma en las situaciones límite»,
me está dando una esperanza y una llamada a la acción que está
a mi alcance y por lo tanto puedo sentirme partícipe de la posi-
bilidad de cambiar el estado de la situación.

En una entrevista televisiva el fiscal superior de Galicia, Fer-
nando Suanzes, tras una interpelación de la periodista sobre el
estado de la corrupción en España, respondió de una forma que
me pareció especialmente ilustrativa al caso:

«Creo que estamos ante una catarsis. Parece que las cosas no
se han hecho siempre cumpliendo con los dictados legislativos
por lo que ahora la Justicia está cumpliendo con su obligación.

---

18. Como en su día hizo brillante y muy rentablemente Risto Mejide.

Sin embargo, estoy convencido de que lo que está sucediendo con la pandemia de casos de corrupción va a marcar un antes y un después en nuestra sociedad y en la forma de actuar de la mayor parte de la ciudadanía en el futuro.»

Me pareció una genialidad sobre cómo buscar lo mejor de nosotros, en ese aspecto, nauseabundo presente pensando en un futuro en el que estas prácticas serán, si no erradicadas, mucho menos habituales.

Si no caemos en posiciones de ingenuidad, el beneficio de ser positivo y optimista en las respuestas es que, aunque algún amargado siempre hay, pocas personas quieren hacer daño a quien les hace sentirse bien consigo mismo y les ayuda a mantener la esperanza en sus opciones de tener una vida mejor.

El perjuicio de esta técnica es que es preciso mantener el equilibrio para no convertirnos en un meapilas. Uno de esos personajes insustanciales que nunca se disgusta, ni a nadie incomoda lo que nos llevaría a convertirnos en un candil apagado: no molesta, pero tampoco alumbra.

Antonio Abril Abadín, presidente del Consello Social de la Universidade de A Coruña, en la entrevista que le hice para este libro me desveló que en su opinión «para hacer lo que hay que hacer en algún momento habrá que decir lo que hay que decir». Le pedí autorización para reflejar en estas páginas su pensamiento al respecto porque creo que no hay mejor forma de expresarlo: hay que buscar el momento y yo diría que el cómo para que nuestro mensaje tenga algún efecto persuasivo, pero también habrá que decir lo que haya que decir.

En su libro *Annoyomics: el arte de molestar para ganar dinero*, Risto Mejide habla de la molestia como camino para conseguir resultados. Si quieres hacer de esta tu estrategia o marca personal te lo recomiendo, ya que molestar con fines y objetivos y sentido de la oportunidad puede ser muy inteligente, pero andar por la vida dando coces porque sí a mí no me lo parece.

El beneficio de ser predictor de desdichas catastróficas es que puedes fortalecer tu autoestima sintiendo que te atreves a decir cosas que nadie dice, que es posible que te hagas rápidamente popular en las redes sociales e incluso que algunos medios de dudosa elegancia puedan darte cierta visibilidad. El perjuicio es que solo los amargados, los angustiados y los propios agoreros quieren compartir sus vidas con ellos.

Cuarta clave: Tictac, tictac

He podido constatar que una de las cosas que más nos molesta es que un conferenciante no gestione bien el tiempo del que dispone y que se pase —o se quede excesivamente corto— del tiempo asignado.

En comunicación el control de los tiempos es muy importante y en la gestión de las preguntas también.

Escucha la pregunta entera sin interrumpir a la persona que te esté interpelando y, por supuesto, no empieces a responder hasta que este finalice.

Cuídate mucho de interrumpirle con los consabidos «ya sé qué vas a preguntar», «siempre me hacen esta pregunta» o «es una duda muy habitual», que dejan a quien te hace la cortesía de interactuar contigo como un lelo sin mucha creatividad.

No es el momento para demostrar tus habilidades telepáticas o que eres el más listo de la sala. En cierta medida, ya se supone que estás entre los más brillantes del auditorio por estar encima del estrado, pero no es elegante lucirse o intentar potenciar esa imagen a costa de la de los demás e interrumpir de las formas expuestas te estaría acercando a la soberbia del listillo.

Es el momento para demostrar el fondo de armario intelectual, la elegancia y el saber estar.

Además de no interrumpir ni valorar despectivamente la pregunta, no respondas de forma impulsiva. Tómate tu tiempo antes de comenzar a hablar.

De hecho, repetir con nuestras palabras la pregunta que hemos recibido es una técnica que nos permite ganar tiempo mientras buscamos la respuesta más adecuada y de paso nos aseguramos que todo el auditorio ha escuchado bien la pregunta, lo que es un suma y sigue en el fortalecimiento de nuestra relación con los asistentes.

No entiendo cuál es el perjuicio de pararse unos segundos a considerar la pregunta en toda su extensión y a pensar con cierto detenimiento el enfoque que le vas a dar a tu respuesta.

En ocasiones parece que el interpelado quisiera demostrar que es un alumno aplicado al que se va a valorar más por su agilidad en la respuesta que por la calidad de la misma. Dale más importancia a la calidad de la respuesta que a su celeridad.

Si estás en un entorno formal o el tema puede llevar un cierto nivel de controversia puedes tomar notas antes de responder. Esto dará a la audiencia imagen de profesionalidad y la persona que hace la pregunta se sentirá halagada al sentir que su duda es merecedora de tu máxima atención.

En cuanto a la comunicación no verbal, piensa que tu imagen de solvencia y liderazgo se verá fortalecida en el caso de que seas capaz de mantener la mirada con el interpelante al inicio de tu respuesta. Después deberías moverla por el resto del auditorio con un tono afable y cercano para de esta manera llegar a todos los presentes.

Es decir, inicias la respuesta mirando a quien hace la pregunta y después implicas al resto del auditorio para, sobre todo, no iniciar un diálogo con el preguntador que aleje al resto de los oyentes de la escena. Es el momento de incluir a todo el auditorio en tu respuesta.

Por el contrario, tu imagen se verá mermada en el caso de que desvíes la mirada inmediatamente de quien te hace la pregunta y que te pongas a buscar la respuesta mirando por encima de la cabeza de los oyentes, en el suelo o en unas hojas que todo el mundo sabe que no la tienen.

Sin mirada no hay conexión emocional. Sin ella no hay forma de generar complicidad ni empatía, así que no dejes de mirar a los ojos de los asistentes. Si eres de esas personas a las que les cuesta mantener la mirada en las pupilas de los demás mira al entrecejo. El interlocutor no se dará cuenta y pensará que estás hablándole desde el fondo de tu alma.

Si la pregunta es de respuesta larga aclárala y déjala para responderla en privado, pero no hagas una nueva conferencia de una pregunta. Dejarías frustrados a los que quisieran hacer otras preguntas si te quedas sin tiempo para ellos abriendo un tema que puede ser del único interés de quien pregunta.

Generalmente, después de una conferencia una pregunta o es tangencial, por lo que no procede, o se merece una respuesta corta.

Otra cosa importante en la organización de los tiempos en el coloquio es que debes delimitar el tiempo dedicado a este menester. La idea es que el auditorio se quede con hambre de ti y no empachado de ti, es mucho más sensato limitar el tiempo, lo que además reducirá las probabilidades de tener que responder a una pregunta incómoda o envenenada.

La forma de limitar el tiempo del coloquio debería ser explicitada justo antes de la primera pregunta. Con un «ahora tenemos unos cinco minutos para el coloquio» o «tenemos tiempo para dos o tres preguntas» es más que suficiente.

Si notas que quedan preguntas en el aire convoca a los interesados a seguir charlando en el descanso, lo que te permitirá conocer a más personas y dar imagen de calidez y cercanía.

Gestionar correctamente los tiempos en el coloquio ayuda mucho para dejar un buen sabor de boca en el auditorio.

Quinta clave: ¡No especules! ¿Por qué especulas?

El dato es objetivo, pero la interpretación que hacemos del mismo siempre es subjetiva. Esta es una realidad de la que no nos escapamos tampoco ante las preguntas, por lo que hay una tendencia natural a interpretarlas aun cuando estas no estén suficientemente claras.

En ocasiones podemos llegar tan tensos al turno de preguntas esperando un dardo envenenado que solitos tocamos el tema que queríamos evitar sin que nadie nos lo pregunte. Parece que esto último es más habitual en los entornos judiciales de lo que los inexpertos pudiéramos pensar.

Si no has entendido bien la pregunta. Si crees que es posible que la persona esté utilizando algún doble sentido y, sobre todo, si piensas que la respuesta puede generarte algún problema, no tengas reparo en pedirle a tu interlocutor que la vuelva a formular o que lo haga de otra manera.

No es la primera vez que alguien se mete él solito en el lodazal y la pregunta no iba en el sentido que había interpretado, lo que resulta aún más doloroso y humillante que si fuese un malintencionado quien buscase perjudicarte.

Es cierto que decirle a alguien públicamente que no le has entendido y que te haga la pregunta de otra forma puede generar en el conferenciante una cierta incomodidad. Algunos oradores pueden tener el temor de estar trasladando una imagen de lelo o, lo más normal, de haberse despistado, y otros la sensación contraria: temor a hacer parecer a quien pregunta como un bobo.

Sin embargo, algo como «discúlpame, no he entendido bien la pregunta, ¿te molestaría volver a hacerla?» creo que puede ser una expresión suficientemente neutra con la que nadie tiene que salir perjudicado.

En caso de que la pregunta siga estando confusa puedes decir algo como «parece que hoy estoy espeso y sigo sin entender bien lo que me pides, necesito que me hagas la pregunta de otra forma».

En todo caso, sobre todo si percibes que la pregunta pueda venir envuelta en hojas de cicuta, conviene no especular iniciando una respuesta hacia las posiciones menos cómodas para tus intereses.

Si, efectivamente, quien hace la pregunta tiene el deseo de incomodarte o de ponerte en un brete no le des la oportunidad de que se vaya de rositas con un «en realidad yo no te preguntaba por eso sino por esto otro».

En el capítulo sobre preguntas envenenadas ya hemos visto cómo responder a esa pregunta en el caso de que sea incómoda, pero lo que es poco inteligente es que seamos nosotros mismos quienes la salpimentemos.

Si vas a ponerte a especular hazlo con inteligencia, utilizando uno de los antídotos que hemos visto. Reformúlala en tu mente y responde con «evasión o victoria» haciendo la interpretación más favorable hacia tus intereses que te permita crear dicho interrogante, no con el peor.

Sexta clave: Caballero o caballo

Todos hemos sido interpelados con preguntas que no venían a cuento o con una simple majadería cuyo interés solo era percibido por el interrogador, pero lo cierto es que esa persona se ha tomado el nada desdeñable esfuerzo emocional —para la mayoría— de pedir la palabra para hacerte una pregunta; por muy poco inteligente o fuera de lugar que esta te parezca si lo transmites estarás perdiendo una oportunidad de oro para mostrar la talla de tu elegancia.

Una de mis máximas es «nunca desaproveches una oportunidad para mostrar tu elegancia» y esto se hace justamente en los momentos en los que alguien comete una torpeza y tú no solo no aprovechas para dejarle en evidencia, sino que le echas un capote ayudándole a salir del entuerto.

Yo diría que ante la vida en general, pero muy especialmente ante un auditorio, ríete de tus torpezas porque te humanizan y disculpa las ajenas porque te engrandecen.

Si crees que la pregunta está fuera de lugar utiliza expresiones que suavicen la respuesta y que no hagan que ni interlocutor ni auditorio se sientan incómodos ante un ataque gratuito a una torpeza.

En este escenario podríamos decir que el ataque gratuito pudiera provenir de la mordacidad, la ironía, el sarcasmo, la arrogancia, la soberbia o cualquier posición por parte del conferenciante que demerite al interlocutor.

Hay que reconocer que los exabruptos, en su momento magníficamente representados por los extintos Francisco Umbral o Fernando Fernán Gómez que a la pregunta ingenua del desdichado podían responderle con otra del estilo «¿esa es la mejor pregunta que eres capaz de hacer? ¿Esta pregunta la has pensado tú solito o has pedido ayuda?» y lindezas semejantes, tienen su público afín, por lo que a algunos parece que les resulta rentable ese posicionamiento.

Cuando quien lo provoca es una autoridad o alguien de alta relevancia social hacer gala de mordacidad contra quien pregunta suele convertirse en la noticia del día, como el espalda plateada del señor Trump parece haber convertido en su signo de identidad ante los medios de comunicación no afines.

El ataque contra quien hace la pregunta no está a la altura solo de intelectuales y políticos, como cada fin de semana nos muestran algunos entrenadores de fútbol frustrados por las preguntas o comentarios de los periodistas en la rueda de prensa posterior a un fracaso deportivo.

Si consideras que la pregunta que te están haciendo no es pertinente o adecuada al fin de la conferencia, con la utilización de una frase del estilo «con tu pregunta abres un tema quizá tangencial al objeto de la conferencia. Si te parece, en el café profundizamos en el asunto. Siguiente pregunta por favor», suele ser más que suficiente.

A no ser que desees crearte una imagen de persona mordaz, al estilo de José Mourinho, no aproveches las debilidades de tu público para menospreciar su imagen o para minar su autoestima. Si lo haces debes ser consciente de que el coste recaerá directamente sobre tu elegancia y no solo ante quien pueda sentirse atacado, sino también ante el resto de los observadores de tu actitud.

La persona que ha sido invitada a dar la conferencia, a quien se le ha supuesto el talento para ponerse ante el auditorio es a ti, si no quieres menguar lo ganado en la exposición, recuerda el viejo adagio que afirma que la nobleza nos obliga.

Con la elegancia pasa algo parecido a lo que sucede con lo comentado sobre las personas que logran que nos sintamos bien. Pocas personas quieren ser desagradables con las personas elegantes y quienes lo buscan pueden molestar, pero no suelen encontrar prédica a sus postulados.

La diferencia en la grafía y en la sonoridad entre los vocablos caballo y caballero no es muy grande, pero en el corazón de las personas es enorme.

Séptima clave: El equilibrio del equilibrista

Uno de los errores más habituales de los neófitos e incluso de muchos oradores con tablas es el exceso de agradecimiento con el auditorio.

Esas personas que inician siempre su respuesta con coletillas como «muy interesante tu pregunta», «magnífica pregunta», «me alegra que me hagas esta pregunta» y derivadas nos llevan desde el mundo de la persona cortés al del meapilas que quiere, a toda costa y forzando la situación en lo que sea menester, quedar bien con todo el mundo.

En un primer vistazo, el que alguien quiera quedar bien con todo el mundo no parece que tenga que ser un problema, pero todos sabemos que efectivamente puede llegar a serlo, nuevamente la paradoja.

Existe una idea socialmente aceptada —lo que no quiere decir que esté demostrada, pero a nuestros efectos es lo de menos— que nos advierte de que las personas que intentan agradar a todo el mundo tienen poca personalidad y que están dispuestas a decir lo que sea con tal de cumplir con su necesidad patológica de quedar bien. Obviamente esta idea no fortalecerá especialmente nuestra imagen de liderazgo.

Cuando valoras de forma muy relevante una pregunta corres el riesgo de sentir que tienes que hacerlo con todas las demás, y si se percibe que eres alguien sin personalidad la idea subyacente será que eres poco creíble y poco fiable, por lo que estarás minando tu propia marca personal.

Este escenario sería el polo opuesto a lo expuesto en la clave previa del caballero o caballo.

También deberías evitar la utilización de expresiones del estilo «lo que me estás preguntando es…» o «si entiendo la pregunta…» ya que en ambos casos estás trasladando la idea de que tu interlocutor no está teniendo la capacidad para hacer una buena pregunta.

Si no has entendido la pregunta házselo saber. No especules ni seas condescendiente. Si tienes dudas sobre cómo actuar a este respecto vuelve a leer la quinta clave: «¡No especules! ¿Por qué especulas?»

Personalmente, creo que las preguntas no deben adjetivarse y lo que conviene es la siempre oportuna cortesía social agradeciendo las preguntas con expresiones como «gracias por la pregunta», «agradezco tu participación» y similares.

La lucha del ser humano es una pelea constante por ser capaz de alcanzar el equilibrio y en este camino ni lo melifluo ni la hiel son buenas consejeras. Ni empalagoso, ni desagradable. Ni querer quedar bien a toda costa ni buscar quedar mal para regar nuestra vanidad. Es preciso buscar el equilibrio en nuestra relación con el auditorio.

Octava clave: El espontáneo

Una singularidad con la que hay que contar en el coloquio es con la aparición del espontáneo.

En un porcentaje quizá no elevado, pero sí suficientemente molesto, de las conferencias a las que he asistido, apareció alguien que utilizó el turno de preguntas para solicitar la palabra sin intención alguna de indagar nada. Lo hizo solo con la aviesa idea de aprovechar el auditorio para soltar su diatriba.

Imagino que son personas que consideran que ellas son las que deberían estar sobre el estrado y a las que su ego empuja a brillar exhibiéndose ante los presentes.

Si hay moderador y no hace bien su trabajo —lo que será lo más normal— dejará que la perorata siga hasta que la nueva estrella finalice su intervención malgastando gran parte del tiempo destinado al enriquecimiento del coloquio.

En este caso, me gustaría que reflexiones sobre quién se merece más ser respetado: el auditorio o el espontáneo.

No es preciso ser maleducado. Ni siquiera con quien lo está siendo aunque sea de forma inconsciente, pero lo cierto es que está robando el tiempo de los asistentes que están allí por el programa del evento y por el plantel de ponentes, por lo que en estos casos yo abogo por la intervención. Intentando no ser grosero, pero si es preciso siendo contundente.

Esto no debería ser una lucha de egos. Si percibo que está haciendo una reflexión oportuna, coherente e interesante disfruto de la intervención. En caso contrario, cuando veo que lo único que hace es masajear su vanidad y regar su autocomplacencia es cuando aparezco.

Aunque se les ve venir a los pocos segundos, mi técnica consiste en dejarle intervenir un par de minutos en los que el susodicho hablará sin concretar pregunta alguna y habitualmente divagando. Llegado el momento le interrumpo aplicando mis más depuradas cualidades escénicas e ingenuamente le digo algo parecido a «disculpa que te interrumpa. Quiero responderte lo mejor que sea capaz, pero no entiendo la pregunta y me estoy perdiendo, ¿cuál es la pregunta por favor?».

En tu comunicación no verbal deberías eliminar todo rastro de sarcasmo y solo deberías reflejar el más sentido deseo de entender esa pregunta que debiera haber hecho ya.

Habitualmente, con esto se logra que corte la exposición y suelen comentar algo parecido a «en realidad no quería preguntar nada. Solo quería compartir una reflexión» a lo que hay que responder con la mejor de las sonrisas y mirándole a los ojos con un «¡ah! ¡Entiendo! Muchas gracias por tu aportación. Siguiente pregunta, por favor». La última frase ya dando la espalda a la estrella y buscando entre el auditorio a nuevos participantes.

Cuando el interfecto insiste en el adoctrinamiento no solicitado e intenta continuar ya me mosqueo, porque una cosa es el despiste que puede provocar dejarse llevar por la pasión de querer compartir una idea y otra muy distinta dejarse avasallar por la falta de educación. En este caso vuelvo a interrumpirle con un «perdona, hay más gente pendiente de preguntar. Por favor, haz tu pregunta» a lo que suelen responder de la forma ya expresada en el párrafo previo y este episodio se cierra con un contundente «muchas gracias por tu aportación. Hay más personas deseando intervenir. Siguiente pregunta, por favor», ya sin las mencionadas expresiones de sorpresa para darle más contundencia a la situación.

En una entrada de su blog, Gonzalo Álvarez Marañón dice que José Hermida en su libro *Hablar sin palabras* afirma que el mejor momento para interrumpir a alguien y cortarle en una diatriba es estar atento al momento en el que se calla para tomar aire y entrar en ese momento a saco. Puede ser una opción.

En todo caso, si tú no controlas al ponente frustrado lo más probable es que nadie lo haga y que acabe utilizando la falta de carácter de quienes deberían cortarle para satisfacer su onanismo a costa de la educación, la paciencia y la falta de carácter del resto de los asistentes.

Novena clave: Cuenta contigo

Gran parte de las veces que no hay preguntas después de una conferencia no es por desinterés sino por la vergüenza de convertirse en el centro de atención ante el auditorio.

Una buena conferencia es una obra de arte cuando es capaz de inspirar a la audiencia o a parte de ella. Si además remata con un buen coloquio ese día podemos sentir que hemos asistido a un acto que ha valido la pena vivir. Un buen turno de preguntas y respuestas es la guinda a un acto extraordinario, por lo que fomentar la participación de un debate es algo que conviene aprender a incitar.

Antes de la conferencia, si conoces a alguno de los asistentes no es mala idea pedirle que al final te haga alguna pregunta para romper el hielo. Si quieres incluso puedes pactar el interrogante que te permita lucirte, aunque quizá eso pueda resultarte un poco incómodo de solicitar.

En caso de que no conozcas a nadie o de que prefieras no pedir ese pequeño favor recuerda que tú debes ser tu mejor aliado, no seas pánfilo y utiliza estas dos técnicas: pregunta tú al auditorio y pregúntate a ti mismo.

Preguntándole tú al auditorio:

- *Antes de someterme a vuestras preguntas permitidme que, después de la conferencia, yo os haga una a vosotros.* [Pregunta.]
- Si nadie se atreve a responder incluso puedes hacer la pregunta directamente a alguno de los asistentes. *¿Tú qué opinas al respecto? ¿Cuál es tu forma de verlo?*

Obviamente, esta técnica es en sí misma un poco intrusiva, debes ser delicado y no insistir ante quien no quiera participar en el juego. En este caso lo importante es estar atento a la comunicación no verbal de los asistentes y hacer un buen casting para hacer la pregunta a quien creamos que va a aceptar el guante.

Si nosotros comenzamos con una pregunta al auditorio y logramos que algunos nos respondan habremos roto el hielo y abierto el coloquio de una forma cómoda porque se habrá iniciado una conversación, lo que provocará que sea mucho más sencillo recibir preguntas a partir de ese momento.

Preguntándote a ti mismo:

- *¿A ver, quién va a ser el valiente que se atreva a romper el hielo haciendo la primera pregunta?*
- *Cricrí, cricrí, cricrí, cricrí...*
- *Bueno, pues como nadie se atreve yo mismo haré la primera pregunta: Marcelo, ¿cuál crees tú que es la mejor técnica para responder a una pregunta envenenada?*
- *¡Me alegra que me hagas esa pregunta!...* [Dicho con gracejo y sonriendo abiertamente hacia el auditorio.]

– [Respuesta.]

– *¿A ver quién quiere echarle una mano al ponente haciéndole otra pregunta? ¿Quién va a ser el valiente que me ayude a romper el hielo?*

El sentido del humor es un superpoder en la comunicación y utilizarlo sin exceso en los momentos que no es inoportuno es garantía de éxito. Por supuesto, la comunicación no verbal tiene que trasladar el mensaje de que estás disfrutando del momento y no que estás atribulado por no recibir los ansiados interrogantes.

El recurso de hacerse a uno mismo preguntas se puede llevar hasta dos, máximo tres autopreguntas. A partir de ahí, o hay preguntas de los asistentes o debería continuarse con el cierre de la conferencia. Una cosa es ser simpático y otra el graciosillo de la reunión.

9

Home sweet home

Cuando andaba en los mundos de las tecnologías, cada año que mi agenda me lo permitía iba invitado por Roberto Santos al evento anual de la asociación española de usuarios de Linux, más conocida como Hispalinux. En aquellos eventos se respiraba una especie de efervescencia asamblearia en el que los presentes se sentían unidos por la lucha contra el software comercial y todo lo que significaba para ellos.

No recuerdo el año, pero sí que era en una facultad de la Universidad Rey Juan Carlos cuando en una de las conferencias llegó el turno del coloquio y una de las personas hizo una pregunta después de presentarse como trabajador de la Sociedad General de Autores de España, la famosa SGAE. Asociación reconocida por su lucha en la defensa y recaudación de los derechos de autor de los creadores de este país. Para entendernos, para los usuarios de Linux el anticristo.

Tampoco recuerdo la pregunta, lo que menos se me pasaba en aquel momento por la cabeza era pensar que más de una década después estaría escribiendo este libro, pero lo que sí recuerdo es que después de su presentación no tardó ni dos comas en empezar a sentir los primeros abucheos. Cuando había finalizado su segunda frase ya no se le escuchaba.

Aquella persona, que me resultó entrañable en su ingenuidad, no había tenido en cuenta que nuestras propuestas y respuestas son valoradas dependiendo del posicionamiento previo del auditorio.

Cuando estemos ante un auditorio debemos contar con la sensibilidad que ese colectivo, en general, pueda tener con nuestro punto de vista. Cuando estemos ante un medio de comunicación, con su línea editorial. Ante un empleador tenemos que contar con sus necesidades y ante un juez debemos pensar que es alguien totalmente imparcial en busca de la verdad.

Si estamos dando una charla en el salón de actos de un hospital público y con una de nuestras respuestas expresamos nuestro convencimiento de que es preciso privatizar la gestión de muchos aspectos de la sanidad pública nacional no esperemos muchos aplausos.

No digo que no debas decirlo si eso es lo que piensas, y mucho menos si eso es lo que defiendes.[19] Lo que digo es que, si sabes que estarás ante un auditorio hostil con tus tesis, la preparación de las preguntas más delicadas y la creación del mayor número de alianzas previas es muy aconsejable para intentar que la situación sea lo menos incómoda y sobre todo lo más efectiva posible.

En la primera parte del libro ya hemos tratado cómo crear alianzas para reducir, en lo que se pueda, la hostilidad del auditorio.

Cuando analizo los discursos de los maestros de la oratoria de los últimos años como Obama o el difunto Jobs y veo cómo reacciona el auditorio de forma apasionada no puedo evitar pensar en cómo lo harían, ante ese mismo discurso y orador, los asistentes a la convención anual republicana o los trabajadores de las oficinas centrales de Microsoft.

---

19. «Para hacer lo que hay que hacer en algún momento habrá que decir lo que hay que decir». Antonio Abril Abadín.

Un gran orador es aquel que es capaz de inspirar a un auditorio amigable, de emocionar a uno neutral y de salir fortalecido ante uno hostil.

Un auditorio amigable te lo permite casi todo. Están alineados con tus tesis y sobre todo contigo, estás jugando en casa.

Un auditorio neutral es relativamente sencillo de gestionar porque no tiene conflictos de intereses o éticos con tus propuestas y se supone que tampoco contigo.

Un auditorio hostil te pone a prueba porque estás jugando en campo contrario. Están deseando abuchearte por lo que tus jugadas deberían estar muy ensayadas, pero cuidándote mucho de hacer sombreritos, *Lambrettas*[20] y cosas que puedan considerar una falta de respeto.

Para ser capaz de salir fortalecido ante un escenario hostil lo que se precisa son dos cosas. La primera es ser una persona emocionalmente muy sensible e inteligente y la segunda trabajar mucho la comunicación, sobre todo la no verbal, y el turno de preguntas para pisar con gran suavidad y delicadeza sobre la autoestima y los intereses de los escuchantes.

Como cuando a un jugador del equipo visitante le aplaude toda la grada por el partidazo que ha hecho, el auditorio hostil es un escenario del que puedes salir muy fortalecido si lo preparas mucho mejor que bien.

Si vas a conceder una entrevista a un medio de comunicación deberías conocer su línea editorial, su posición ante los temas que tú tratas y haber leído las últimas noticias y entrevistas que hayan publicado al respecto para saber si previsiblemente estáis alineados o enfrentados en vuestras opiniones.

---

20. En el fútbol, los sombreritos y las *Lambrettas* son tipos de regates muy vistosos que cuando salen bien causan asombro, pero que no dejan en buen lugar la competencia profesional del adversario objeto del mismo.

Aun cuando parezca hostil mediante unas formas claramente faltas de sensibilidad, quiero pensar que en una democracia un juez siempre luchará por ser neutral; he aprendido que en la entrevista de selección estarás ante alguien amigable porque el entrevistador, generalmente, quiere que seas el candidato ideal para su organización o su cliente. Eso sí, en ambos casos es una amigabilidad y neutralidad no comprometida, es decir, valorarán lo que ellos perciban con independencia de cuál sea tu interés.

Dependiendo de nuestra posición en ese momento en nuestra organización, algunas formas de responder a las preguntas de nuestros superiores pueden ser más o menos oportunas. No es lo mismo hacer chistes ante el consejo de administración cuando hemos cumplido e incluso superado todos los objetivos propuestos, que cuando hemos metido a la empresa en pérdidas.

Piensa muy bien ante qué tipo de auditorio vas a exponerte porque cada uno te permitirá la utilización o no de determinados recursos a la hora de responder a sus dudas. No es lo mismo jugar en casa, en terreno neutral, que hacerlo en campo contrario.

El entorno y las circunstancias afectan de forma sistémica a la comunicación, es preciso tener muy en cuenta qué es aceptable o conveniente cuando respondamos a preguntas incómodas dependiendo del escenario.

10

El *modus operandi*

Aunque parcialmente se podría aplicar también a otros escenarios, este capítulo está especialmente pensado para la exposición ante un auditorio en el momento de impartir una conferencia profesional.

En cuanto a cómo las personas afrontamos el delicado momento del interrogatorio, diría que existen cuatro tipos de personalidades y creo relevante que intentes posicionarte dónde te situarías para que puedas entender qué recursos y herramientas se ajustan más a tus características.

- **El primer grupo lo compondrían los «sobraos».** Son aquellos profesionales que por carácter o experiencia se encuentran tan seguros de sí mismos como para no tener especial angustia ni en el desarrollo de la charla ni en el turno de preguntas.

La bravura de estos personajes les impulsa a mostrarse ante el auditorio con confianza y sin amilanamiento.

Hay que tener en cuenta que todos —con excepción de quienes mienten, según afirmaba el también excepcional orador Mark Twain— conocemos el desasosiego cuando comenzamos a hilvanar nuestro exordio.

Sin embargo, a algunos la experiencia nos dice que esa inquietante sensación inicial dura poco y que una vez iniciada la exposición nos iremos acercando si no al sosiego, sí al disfrute.

Si crees que formas parte de este perfil ten en cuenta que es muy probable que llegues al turno de preguntas más relajado de lo que la situación aconsejaría.

Aunque estés en ese nivel de comunicador que ha aprendido a disfrutar de sus propias intervenciones, esos que saben utilizar la adrenalina para ponerla al servicio de su conferencia, cuando estás exponiendo seguro que estarás en estado de máxima concentración. Por mucha experiencia que tengas todos tus sentidos estarán alerta.

Sin embargo, es posible que cuando llegue el turno de preguntas puedas sucumbir a la bajada del cortisol y adoptar una posición mental menos atenta que puedes llegar a pagar cara.

Has hecho una buena puesta en escena, has transmitido un mensaje interesante, has generado emociones en tus oyentes y logrado una buena sintonía con ellos. Sientes que gustas y eso hace que te gustes, te vas sintiendo cada vez más cómodo. «¡Esto ha sido un éxito!», puede pensar tu mente inconsciente, por lo que es el momento de rebajar el nivel de tensión.

Sea en la charla o en el coloquio, el exceso de confianza puede llevarnos a cometer algún error o a soltar alguna bravuconería de la que nos arrepintamos.

En su día, el padre de la mayéutica[21] aventuró que nada hay más inteligente que una buena pregunta, así que si eres de los que se relajan excesivamente ante el interrogatorio deberías repensarte esa actitud antes de que llegues a reprocharte amarga y reiteradamente aquello de «¿por qué habré respondido eso?».

---

21. Sócrates trabajó la habilidad para lograr que sus discípulos descubrieran el conocimiento por medio de las preguntas que él les planteaba. Más de dos milenios después algunos despiertos profesionales decidieron relanzar la técnica como parte de esa disciplina denominada *coaching* que, como todo lo nombrado en inglés, vende mucho más.

Al margen de los adalides de la soberbia, he podido constatar que entre los «sobraos» podemos encontrar a los buenos oradores y a las personas con facundia o facilidad y desenvoltura en el arte de hablar en público por lo que, una vez más, con la virtud viene la penitencia. Confiar en exceso en las habilidades propias puede volverse en nuestra contra, y diría que hay que tener especial cuidado con esos días en los que nos sentimos singularmente graciosos, en los que el respetable reacciona generosamente a nuestras ocurrencias, porque es un gran momento para soltar alguna desgracia.

¡La función no termina hasta que no cae el telón!

- **Los «ingenuos» son el segundo tipo de ponente.** Su estrés es tan elevado en la fase de exposición que pueden afrontar el coloquio con cierta ingenua despreocupación, pensando que todo el mundo es bueno, lo que es *casi* siempre cierto.

La conferencia es un menú que tú seleccionas, los comensales son conscientes de que estás cocinando tu mejor plato o una de tus especialidades.

La pregunta es algo que los oyentes te piden en directo, te estarán valorando no ya por cómo de preparado tienes el menú, cómo te defiendes con la receta delante, sino por tu fondo de armario intelectual. Es decir, cuán sólido eres realmente, por lo que el estado de alerta debería estar a la altura del reto y no siempre lo estamos, como parecen empeñarse con tozuda frecuencia algunas aspirantes a reinas de la belleza ante las preguntas que les hacen los jueces en los concursos diseñados a tal efecto.

En los entornos más profesionales, al turno de preguntas hay que otorgarle, como mínimo, la misma relevancia que a la propia conferencia, ya que no todo el mundo alberga las mejores intenciones para con sus semejantes.

Ten en cuenta que, al margen de la candidez fingida de algunas voces, lo que respondas será la guinda de tu presentación y esta podrá acabar dejando, tanto en los oyentes como en ti mismo, el dulce sabor de la miel o la amargura de la hiel.

Pocas cosas herirán más tu orgullo profesional que no saber responder adecuadamente a una pregunta técnica delante de parte de tus colegas profesionales. Especialmente cuando sea uno de esos interrogantes de los que tan pronto lo estés escuchando estés pensando «desconozco la respuesta, pero sin duda debería saberla».

Por lo tanto, los dos primeros tipos de personalidades no preparan las preguntas. Los primeros por exceso de autoconfianza y los segundos por ingenua despreocupación.

- **El tercer tipo de personalidad es la del «sufridor».** Es el que siente una gran angustia ante la idea de tener que hablar en público y que dicha angustia se mantiene también en el turno de preguntas.

La *glosofobia* es el temor exacerbado a hablar en público que suele manifestarse a través del miedo escénico. Es decir, es esa persona que no conoce sosiego en ningún momento de su intervención. Lo único que desea es acabar lo antes posible para huir de allí.

Esta persona soporta tanto estrés emocional que no es capaz de tener un planteamiento diferenciado o exclusivo hacia el coloquio, ya que está simplemente concentrada en la supervivencia y en su sufrimiento por tener que exponerse públicamente.

El miedo a hablar en público es uno de los miedos más comunes que han tenido que afrontar personajes tan mediáticos y famosos como Nicole Kidman, Julia Roberts o Harrison Ford y políticos tan avezados como el mismísimo Winston Churchill.

Colin Firth representó magistralmente los problemas para hablar en público del rey Jorge VI en *El discurso del rey*, pero no es tan conocido que el temor, afortunadamente no la tartamudez, ha sido heredado por su bisnieto el príncipe Harry.

Al «sufridor» lo detectarás porque será ese que intentará, siempre que le resulte posible, sentarse tan pronto finalice su intervención sin esperar a que le hagan preguntas. Quiere dejar de exponerse y siente que su presentación ha sido bastante o muy mala, y que nadie querrá ampliar ningún tipo de información.

Evidentemente, con frecuencia el sufridor muestra ciertos problemas de autoestima e inseguridad personal que le llevan a sentir que no es merecedor de atención, por lo que odia la exposición que ocasionalmente pueda recibir en una reunión o sala de conferencias.

La buena noticia respecto de este perfil es que esto es algo que puede tratarse con cierta facilidad, siempre y cuando el sufridor esté comprometido y dispuesto a salir de su zona de confort para dejar este sufrimiento en el pasado, pero ese es un tema que excede las pretensiones de esta obra.

Como ya hemos comentado en el capítulo «La paradoja de las perspectivas», el sufridor procrastinador no preparará las preguntas por no afrontar el estrés emocional que le supondrá esa labor, pero si no está en este ámbito puede que dedique tiempo a prepararse a conciencia para el coloquio.

- **«Don perfecto» es el que representa al cuarto tipo de personalidad.** Es el que ha superado los temores más limitantes que en su momento le haya podido producir la comunicación ante un auditorio, pero sigue manteniendo ese temor ante el momento del coloquio con los asistentes.

Este tipo de personalidad es tan consciente de lo que se juega en el turno de preguntas que, en más ocasiones de las que el raciocinio aconsejaría aceptar, él mismo se sabotea con una actitud poco inteligente ante quienes le interpelan por obligación o por honesta ansia de ampliar conocimientos.

He detectado que este tipo de ponente se da con frecuencia entre las carreras profesionales más cualificadas y competitivas como pueden ser, sin ánimo excluyente, la académica, la científica, la sanitaria, la legal y, por supuesto, la política.

Aunque no siempre sea así, los profesionales sometidos a una alta frecuencia de comunicación pública van rebajando el habitual estrés de tener que hablar ante un auditorio. No obstante, esa normalidad comunicativa suele generar posicionamientos intelectuales, profesionales e incluso personales enfrentados, el temor a que alguien pueda utilizar el momento de vulnerabilidad pública para cobrar facturas pendientes está siempre presente.

Algunos grandes profesionales transportan a sus espaldas la pesada carga de no poder soportar que alguien les haga una pregunta técnica que ellos no sepan responder convenientemente. Para ellos, pensar en verse enfrentados al escenario de tener que reconocer «no lo sé» es similar a tener que soportar un descrédito, una vergüenza intolerable que en cierta medida podría echar por tierra toda una vida de esfuerzos.

La búsqueda de la perfección es una tensión muy difícil de gestionar. En el capítulo de la gestión emocional daremos algunos consejos para intentar ayudar a las personas que carguen con esta mochila.

«Don perfecto» es muy consciente de que en el coloquio probablemente se juegue más que en la propia exposición e incluso una parte de estos perfiles prepara convenientemente el turno de preguntas.

Desgraciadamente, como ya hemos dicho, con la virtud viaja la penitencia. Algunos son tan conscientes de la importancia de este momento que lo abordan con todo tipo de prejuicios, temores y teorías de la confabulación que les convierte a ellos mismos en parte no menor del problema.

Como preparador de galenos para la defensa de proyectos de jefatura de servicio de hospital y de funcionarios de alto nivel en diferentes ámbitos de la administración pública autonómica y estatal e incluso ante organismos internacionales dependientes de la ONU, uno de mis mayores esfuerzos se centra en intentar que mis candidatos no anticipen miradas cargadas de animadversión, preguntas malintencionadas y tribunales hostiles en el momento de las preguntas.

La existencia de las denominadas neuronas espejo hacen que las emociones sean contagiosas, lo que provoca que los evaluadores, que suelen ser miembros de la imperfecta especie humana, empiecen a germinar, aunque previamente no hubieran existido, esos mismos sentimientos. El resultado no ayudará a fortalecer las opciones del candidato y, en última instancia, lograr la plaza en disputa se complica.

Cuadro de sufrimiento emocional durante la conferencia y el coloquio según el tipo de personalidad:

Tipo	Sufrimiento emocional	
	Conferencia	Coloquio
Sobrao	😄	😄
Ingenuo	😢	😄
Sufridor	😭	😭
Don perfecto	😄	😭

Aunque hay personas que preparan correctamente el turno de preguntas, parece no ser el *modus operandi* de la mayoría. Mi investigación concluye con que los pocos que lo harán estarán entre el «sufridor» y el «don perfecto» siendo habitualmente este último quien mejor se preparará para las preguntas.

11

Don Ego y yo

—*¡Qué guapo y elegante le veo hoy!* —Me espetó a bocajarro con la mejor de sus sonrisas el bueno de don Ego.

—Agradezco mucho el cumplido don Ego, pero no me duelen prendas reconocer que ya me gustaría a mí llegar algún día a disfrutar de su porte y distinción —le respondí con descarnada sinceridad.

Cuando la vanidad entra por la puerta el raciocinio salta por la ventana.

Veo en nuestra especie dos verdades absolutas: somos sociales y somos emocionales.

La primera afirmación no creo que nadie la ponga en duda. La segunda es posible que a los racionalistas aún les cueste aceptarla, aunque, a un gallego dividido entre una posición vital relativista —no hay verdad apodíctica más allá de las matemáticas, la física y la química— y empírica —conocimiento basado en la experiencia— poco le afectan los esfuerzos de la teoría de la razón.

Para considerarnos personas felices necesitamos sentirnos bien con nosotros mismos, pero también en una cierta armonía con nuestro entorno. Los seres humanos anhelamos ecosistemas que nos permitan lanzar puentes hacia otras personas con las que compartir esperanzas, temores, logros y fracasos para reducir, en lo que se pueda, la eterna soledad que nos asfixia y que nos atenaza.

Necesitamos poder compartir tanto la efervescencia que nos provoca el logro como la zozobra nacida de la frustración. Imagino que en ello se fundamenta el incuestionable éxito de las redes sociales.

En la mayoría de actos de relación humana buscamos, íntimamente, el aprecio, el reconocimiento o ambos aspectos por parte de nuestros interlocutores.

En el caso de que estemos en las antípodas intelectuales o éticas de quienes nos acompañen tendremos que decidir entre si nos dejamos vencer por la comodidad social que nos aportaría la hipocresía —exhibir neutralidad cuando no se tiene no es más que otra variante de la misma— y la incomodidad de iniciar la defensa de nuestros postulados.

Aun en el caso de acometer una diatriba en defensa de nuestras ideas estaremos haciéndolo buscando fortalecer el vínculo ante nuestros escuchantes mediante la elegante discrepancia y siempre, estén o no presentes, con los de nuestra tribu.

En el prólogo de la para mí muy compleja y desesperanzada obra *El Anticristo* de Friedrich Nietzsche el autor expone que quizá su trabajo sea para muy pocos o para ninguno de sus coetáneos, sintiéndose un creador para el futuro. Finaliza su exposición de motivos en plural, no sé si mayestático, escribiendo: «Hemos de ser superiores a la humanidad en espíritu, en energía... y en desdén». Aun buscando solo el aprecio o la aprobación de una minoría muy selecta, la valoración de esta, hasta para un atormentado antisocial como Nietzsche, era importante.

Después de haber expuesto mi divergencia ante un entorno contrario a mis tesis, es altamente probable que frente a mis compañeros de credo cite dicha situación con ánimo de fortalecer el cordón umbilical invisible que nos une, dejando patente mi esfuerzo en la defensa de los principios comunes. Ergo, soy digno de vuestro aprecio, de vuestra compañía y, vamos a verbalizarlo de una vez, de vuestra admiración.

El filósofo judío y alemán Erich Fromm afirmaba que cualquier ideología, por muy denigrante que fuera para el ser humano, que acercase al individuo a un grupo tendría seguidores por el sencillo motivo de que estaría luchando contra nuestro mayor temor: el aislamiento.

Buscamos el aprecio y el reconocimiento habitualmente de forma natural. En ocasiones mediante estrategias rocambolescas y, en las más extremas, torticeras.

Esa necesidad de pertenencia a un ente más grande que uno mismo es el que explica, a juicio de este lego, la proliferación del hooligan en todos los ámbitos de la sociedad: política, deporte, religión y cualquier escenario social disfruta grandemente, singularmente, a través de las redes sociales, de la sinrazón de una turba de seres necesitados de sentirse parte y defensores de algo más grande que ellos mismos.

Todos hemos escuchado que la multitud anula al individuo. Sin haber profundizado en el asunto, he llegado a la inquietante percepción de que formar parte de la turba además de anular al individuo fortalece su ego. Es decir, ser parte de la muchedumbre, no digamos si tenemos banderita de colores e himno de por medio, fortalece el *Yo*. Paradójico e intrigante a la vez, ¿no?

Incluso aquellas personas que hieren la cortesía, los que matan la empatía y que hacen del enfrentamiento y la agresión su credo personal, lo hacen buscando el reconocimiento de una parte de la tribu. Quizá, como Nietzsche, no busquen el apoyo de la mayoría social, pero anhelan el reconocimiento de una casta, la única importante para ellos.

Dicho de otro modo, las personas que más pasionales se muestran en sus exposiciones son las más necesitadas de reconocimiento, siendo este uno de los principales motivos de dicha expresividad.

Aclaro que tras la necesidad de reconocimiento están algunos —si no la mayoría— de los más grandes logros de nuestra especie, así que no seré yo quien intente argumentar contra ella.

Lo expresado en este capítulo es muy relevante para el tema en cuestión porque en el momento del turno de preguntas, en un escenario con espectadores, estas necesidades emocionales estarán no presentes sino influyendo de forma directa en los tres actores presentes: en quien hace la pregunta, en la audiencia que escuche a ambos y, por supuesto, en quien responda.

Por lo tanto, una de las grandes claves del éxito en la gestión de preguntas incómodas, difíciles, inteligentes o envenenadas, será la capacidad para controlar y gestionar las emociones de quien hace la pregunta, de quien responda a la misma y de quienes escuchen a ambos.

Salvo que no admitamos preguntas, no podremos evitar que nos hagan preguntas que nos incomoden, pero lo que sí podemos decidir es qué responderemos y también cómo vamos a hacerlo.

Es en el cómo cuando nuestro ego puede convertirse en el confidente de nuestro adversario y en el mejor aliado de nuestro peor enemigo.

Cuando respondamos a una pregunta conviene tener en cuenta la presencia de los tres egos que estarán presentes en la sala, pero además convendría decidir cuál de ellos, en el caso de que sea imprescindible, puede salir herido y cuáles no, porque en algunos casos por lo menos uno de ellos va a salir mancillado.

Resulta evidente que John McEnroe o José Mourinho, por poner como ejemplo a dos famosos y exitosos representantes del mundo del deporte, han decidido que sus egos no están para sufrir, motivo por el que no tienen reparo alguno en menospreciar al periodista que les incomode con preguntas que ellos tilden de inoportunas o improcedentes. Por el contrario, y aunque hasta el mejor escribano tiene algún borrón, Vicente del Bosque o Rafa Nadal podrían ser buenos representantes del ego al servicio del personaje.

Al responder a una pregunta que percibamos envenenada es humano que intentemos dejarnos llevar por nuestro impulso primario y, si tenemos opción, machacar intelectual y emocionalmente al osado hijoputa que ha intentado meternos en el brete con la mala baba que transmite su malévola faz.

No seré yo quien te diga qué tienes que hacer con tu ego, pero sí es del interés de esta obra que reflexiones sobre las consecuencias de dejarse llevar por él arremetiendo sin piedad contra el interfecto.

El auditorio es un juez muy heterogéneo y diverso que evalúa, consciente e inconscientemente, a ambos contendientes. Este tribunal hoy se ve magnificado por los diferentes medios de transmisión que consiguen que cualquier situación esté al alcance de la humanidad en tiempo real. A mi entender, este árbitro se caracteriza por una cierta hipersensibilidad que le hace ponerse de parte de la persona más elegante y menos descortés.

Por favor, cuidado con la interpretación del párrafo previo. De ninguna de las maneras estoy intentando sugerir que deberías convertirte en una especie de meapilas defensor de esa moda bienintencionada —o no— pero ingenua —o no— denominada «buenismo» por el que nunca se puede decir nada que se salga del guion de lo políticamente correcto y de lo socialmente aceptado.

Una sociedad gazmoña está provocando una mal entendida corrección que nos está llevando a que no se pueda expresar algo con una mínima sustancia sin ser atacado por algún sector profundamente ofendido por una interpretación oportunista, rebuscada y torticera de tus palabras.

En todo caso, al margen de los escenarios más mediáticos que son harina de otro costal, como profusamente ilustró Risto Mejide en su libro *Annoyomics: el arte de molestar para ganar dinero*, los profesionales suelen premiar la elegancia y las buenas maneras por encima de la agresividad y no digamos de la chabacañería. Imagino que será fruto de eso que convenimos en denominar educación.

El qué y el cómo respondas no solo será recibido y evaluado por el emisor de la pregunta, sino también por la audiencia y por muy gilipuertas que el primero sea, o justamente por eso, deberías poner también en la balanza la opinión que generarás en el resto de oyentes.

Si, ya sé… En este momento tu superyó te está gritando: «¡Me importa una gónada lo que opinen los demás! ¡Yo soy Nietzsche!»

Llegados a este punto permíteme hacerte una pregunta envenenada:

Si tan poco te importa la opinión del memo que hace la pregunta, ¿por qué le otorgas el premio, el minuto de gloria, de dejarte en evidencia ante los escuchantes y, si estos tampoco te importan, simplemente de que alcance el logro personal de sacarte de tus casillas?

Quienes no tienen controlados a su ego y a su amante la soberbia están al servicio de ellos, como muy acertadamente representaron Tom Cruise y Jack Nicholson en la conocidísima escena de la película *Algunos hombres buenos* en la que el primero lograba, mediante la enervación de su egolatría, la confesión del segundo.

Tampoco quiero negar que, en mi experiencia, si no machacas al necio que está intentando meterte en el brete, tu siempre poderoso y presente ego se sentirá tan mancillado que, por lo menos durante algún tiempo, te sentirás contrariado y tendrás que soportar el incómodo pesar de no haberle humillado sin piedad.

Hace algunos años inicié una conferencia —visto con distancia de forma no muy inteligente— comentando que una cosa es que te pregunten tu parecer sobre algo y otra que se haga lo que tú propones y que la influencia real se alcanzaba cuando eras capaz de alterar las decisiones de los demás. Para ilustrarlo comenté que mi mujer me preguntaba, pero que después rara vez modificaba sus decisiones y que si a los presentes les pasaba lo mismo era porque, como yo, estaban casados con una mujer[22] mucho más inteligente que ellos. Lo que provocó que, ante un abarrotado auditorio en las extraordinarias instalaciones de la Fundación Barrié de A Coruña, a la persona que abre el turno de preguntas no se le ocurre otra cosa que sugerir que mi comentario pudiera ser tildado de machista.

Mi reacción y respuesta fue tan acertada —con cierta gracia e ingenio, pero pedí disculpas y dije que la próxima vez neutralizaría el género— que varias personas me comentaron una vez finalizada la charla que el ataque había sido una estratagema para lucirme ya que era imposible reaccionar como yo lo había hecho sin tenerlo preparado.[23]

Doy fe de que no fue un ardid. También de que mi ego quedó malherido y que, durante algún tiempo, aun sabiendo que había reaccionado fortaleciendo mi imagen pública, tuve esa comezón fruto de no haber machacado intelectualmente a quien había osado atacarme ante mi público con algo tan sensible. Creo que tenía argumentos, capacidad y un auditorio afín para haberlo logrado, pero aun así no lo hice porque yo quiero tener mi ego, mi vanidad y mi punto de soberbia bien educados y a mi servicio para no estar yo al servicio de ellos.

Aún hoy, casi tres años después del incidente, me caliento solo con rememorarlo.

---

22. Aquí es donde se genera el problema, porque si hubiera dicho con «una pareja» nadie podría retorcer el comentario.

23. La génesis de este libro está en dicha experiencia. Para que confirmes una vez más que nunca hay mal que por bien no venga.

Recuerda el refranero popular: «No hay mayor desprecio que no dar aprecio», y permitirle a quien no se lo merece que pierdas el control quizá no sea la manera más inteligente de tratar a quien no deseas ensalzar.

Otra cosa sería que decidieses racional, tranquila e inteligentemente atacar sin piedad los postulados de tu interlocutor e incluso destrozarle intelectualmente en público porque forma parte de tu estrategia personal o profesional, pero eso sería una decisión cabal que no se podría achacar a un ego maleducado.

En resumen, tú y tu ego seréis los mayores responsables de cómo gestionéis el turno de preguntas. Sobre todo, de cómo responderás cuando percibas que estas vienen envenenadas, por lo que convendría que pensaras sobre quién está al servicio de quién para poder disponer de una estrategia claramente definida.

La triste realidad es que todo en la vida tiene su coste. Satisfacer tu ego lo tendrá y no hacerlo también. ¡Tú decides!

TERCERA PARTE

12

To be or not to be

Siento comenzar este capítulo echando un jarro de agua fría sobre el orgullo patrio afirmando que la rueda de prensa sin preguntas no la inventó el gobierno de don Mariano Rajoy Brey.

He podido comprobar que, según le afearon algunos indignados compatriotas en una conferencia que impartió en la Universidad de Harvard, los argentinos se quejaban exactamente de la misma estrategia comunicativa de quien era por aquel entonces su polémica presidenta, la carismática Cristina Fernández de Kirchner, que aceptó someterse en Estados Unidos a unas preguntas que en Argentina rehuía.

Espero no granjearme muchas antipatías si me atrevo a presuponer que la que fue gobernante del país austral tampoco fue la pionera en tal lid.

La primera rueda de prensa es atribuida al presidente estadounidense Woodrow Wilson que en el año 1913 inicia esta novedosa forma de comunicarse con la ciudadanía, pero nada se sabe de quién fue el primero que decidió no digerir dicho plato ante situaciones incómodas. Como tampoco se conoce la identidad de quién se inventó por primera vez una enfermedad o drama familiar para librarse de aquel examen no preparado o de esa reunión con el jefe en la que se esperaban preguntas ácidas.

Si hasta los presidentes de gobierno rechazan el turno de preguntas ¿por qué habré yo de beber de ese cáliz? ¿Siempre que sea posible no sería más inteligente zanjar el asunto sin someterme al riesgo del interrogatorio? ¿No sería más inteligente rechazar la invitación de los medios de comunicación? ¿No sería mejor utilizar cualquier ardid para no tener que pasar por el inquietante trance de tener que responder a preguntas que esperamos incómodas?

De forma totalmente errada, el imaginario popular nos posiciona a los gallegos como representantes antropológicos del relativismo. Lo que queremos es acotar la pregunta para responder si no con inteligencia, por lo menos con oportunidad, por lo que responderé con seguridad: depende.

¿De qué depende? La respuesta obvia sería pensar que del resultado, pero hay otra deliberación menos visible. Depende además de cómo quieras que te perciban los demás. Depende de qué imagen quieras que colaboradores, subordinados, compañeros, superiores, socios, pacientes, alumnos, clientes, seguidores o adversarios tengan de ti y sobre todo depende de qué imagen quieras tener tú de ti mismo.

Una vez tengas clara cuál es la imagen que quieres proyectar sobre tu personal ecosistema de influencia será más sencillo saber si tu proceder estará en consonancia o no con ella.

Para el caso de que creas que deberías acometer ese delicado interrogatorio, ten en cuenta que en esa proyección que buscas el resultado, por lo menos en los ambientes más multitudinarios y sociales, sumará o restará mucho más que la propia decisión de someterte al mismo.

Si vas y la fastidias poco va a sumar la gallardía de haber asumido el riesgo, cuenta con que habrá quien te acuse de lelo o ingenuo. Incluso alguien singularmente malévolo pudiera tildarte de poseer ambas cualidades al tiempo.

En este punto quisiera comentarte algo que suele ser poco conocido.

Según la teoría espacial de la relatividad de Einstein podríamos viajar en el tiempo hacia el futuro, pero nunca podríamos hacerlo hacia el pasado. Esto es interesante tenerlo siempre presente porque todo lo sucedido es un hecho que no se puede cambiar.

> «Lo hecho, hecho está. ¿Entiendes? No importa cuánto te martirices», le espetó Jeremy Irons a un atribulado Bradley Cooper en *El ladrón de palabras.*

Aunque los hechos no se puedan cambiar mi experiencia vital me enseñó que la interpretación de los mismos siempre es subjetiva, lo que nos lleva a que todo acontecimiento pueda ser manipulado a conveniencia, cosa que hacemos varias veces por día.

No obstante, la misma maestra también me advierte de que lograr que de peras el olmo es harto complicado y que, en todo caso, exigirá un gasto de energía muy elevado. O, dicho de otro modo: mejor prevenir que tener que manipular.

Por lo comentado parece que —si crees que la puedes fastidiar— evitar, o no permitir, el turno de preguntas pueda ser un buen consejo. ¡Podría serlo!

Sin embargo, el precio de no admitir preguntas en un entorno en el que se espera que estas sean aceptadas es ni más ni menos que tu imagen pública, solvencia, credibilidad, capacidad de liderazgo y carisma en alguna medida difícil de cuantificar se verán afectados.

Si los presentes esperan que afrontes la situación permitiendo unas interpelaciones que no aceptas pensarán que no estás preparado, que ocultas algo, que eres un pusilánime, un soberbio o cualesquiera otros adjetivos calificativos que no fortalecerán precisamente la buena opinión que el entorno pudiera tener sobre ti.

Todo lo expuesto en el párrafo previo se verá acentuado sobremanera si eres un líder social o un servidor público.

La ocultación o la huida tienen un alto coste, especialmente si encarnas el papel de máximo exponente del servicio a los demás que arrastra la presidencia de un país democrático, como aprendió en su día don Mariano Rajoy cuando prefirió poner pies en polvorosa, en los pasillos del Congreso de los Diputados, saliendo a hurtadillas por el garaje antes que aceptar que los periodistas le hicieran preguntas que presuponía especialmente incómodas respecto a los llamados papeles de Bárcenas.

Afortunadamente, mientras la tierra siga manteniendo sus movimientos de rotación y traslación todo lo que pase en ella hay que relativizarlo y no hay motivo para ponerse dramático. Todos tenemos el derecho a jiñarla en alguna ocasión y deberíamos aprender a perdonarnos por ello sin fustigarnos excesivamente.

La huida, jugar al escondite detrás de subordinados o las diferentes argucias de evitación también tienen un coste. Lo importante es tener toda la información posible sobre el escenario al que nos enfrentamos para decidir según convenga.

También quiero resaltar que pensar que lo que afecta al presidente de un país no te afectará a ti, que únicamente eres un profesional con cierto reconocimiento, un humilde funcionario público, el directivo de una no tan gran empresa o el afanado emprendedor de un pequeño proyecto empresarial, creo que es un error.

Si en el ámbito profesional tienes socios, superiores, homólogos, subordinados, colaboradores, proveedores, pacientes, alumnos o clientes y en el personal padres, hermanos, pareja, hijos, familiares o amigos, tienes personas sobre las que ejerces, seas consciente o no, cierto tipo de influencia.

Si no tienes relación con ninguna de las figuras mencionadas en los dos párrafos previos o eres un anacoreta o imagino que procedes del exoplaneta Gilese 581 c.[24] En ambos casos no estás entre el público objetivo de esta obra.

---

24. Primer planeta extrasolar descubierto en 2007 que es muy similar a la Tierra y al que, en el año 2008, un grupo de científicos ucranianos enviaron señales que se espera que lleguen a su destino en 2029.

Si eres un terrícola no anacoreta, estás en lo cierto al pensar que las debilidades o equivocaciones de un presidente tendrán mucha más repercusión que las que podamos cometer los ciudadanos corrientes. Aunque ocasionalmente deslumbrantes, las redes sociales crean estrellas efímeras.

También lo es que nuestra autoestima sufre mucho más por nuestras pequeñas miserias y errores mundanos que por las chapuzas de los grandes estadistas.

Aun estando en tratamiento para el desenganche de la imperiosa necesidad de sufrimiento judeo-cristiano, reconozco una cierta habilidad para el autobochorno al rememorar cosas que dije o hice hace años, lustros e incluso décadas, y como no creo ser muy especial imagino que a alguien más le pueda suceder lo mismo.

Cuando advertimos un alto riesgo potencial recordando que el cementerio está lleno de valientes estamos lanzando una advertencia que conviene tener presente.

Por el contrario, también debemos aceptar que ningún cobarde pusilánime ha ganado reconocimiento y admiración por tal comportamiento.

Estar o no estar a la altura de lo que se espera de nosotros, *that is the question!*

13

El puerto seguro

Una vez escuché a mi amiga Queta Fernández hacer una analogía sobre su papel de madre con el de un puerto seguro. Es decir, ese lugar al que su retoño siempre podrá volver a guarecerse de los grandes temporales de la vida.

Me parece una magnífica definición del papel de madre, pero también de uno —aunque no el único— de los significados del liderazgo: puerto al que poder acudir cuando la navegación se complica.

Las personas buscamos líderes en todas las áreas de nuestras vidas. Demandamos padres, hermanos, parejas, familiares, amigos, políticos, empresarios, médicos, abogados, asesores, informáticos, profesores, camareros o policías en los que poder confiar y tomar como referentes.

Fernando Villar es un número de la Guardia Civil adscrito al Plan Director del entorno de la ciudad de A Coruña que, con una encomiable actitud de servicio más allá del deber, ha evitado y resuelto innumerables quebraderos de cabeza en colegios e institutos de su comarca de influencia. Esa actitud le ha convertido en un referente, un líder, para no pocos equipos directivos del sector.

Cuando provisionalmente Fernando fue destinado a otros menesteres, a punto estuvo de montarse una algarada de los equipos directivos de los institutos y colegios reclamando su vuelta inmediata al servicio de la comunidad educativa.

Los seres humanos buscamos, a veces con desesperación y en ocasiones desesperadamente, la construcción de relaciones que podamos considerar puerto seguro.

Para considerar a alguien puerto seguro tenemos que apreciar fundamentos constructivos sólidos: templanza, serenidad y cierto estoicismo ante la adversidad componen, sin ánimo excluyente, parte de su argamasa.

Teniendo clara la necesidad atávica de liderazgo, creo relevante resaltar que tanto en nuestras relaciones profesionales como en las personales **todo lo que hacemos, dejamos de hacer o dejamos hacer** pone o quita ladrillos en esa edificación, y un comportamiento pusilánime no es precisamente la mejor forma de fortalecerla.

Si ante situaciones de discrepancia, de conflictividad e incluso de hostilidad no damos la cara, escapamos por la puerta de atrás y no afrontamos nuestras responsabilidades, ni siquiera nuestros más fieles seguidores estarán orgullosos de nosotros.

A no ser que nuestros actos hayan sido tan inmorales que hayan superado los límites capaces de destruir hasta el abrigo más cálido, o que los pilares del dique fueran mucho menos sólidos de lo que suponíamos, seguramente los nuestros nos sigan apoyando aportándonos su consuelo y comprensión. Sin embargo, no estaremos fortaleciendo el orgullo de pertenencia al mismo club.

No creo que ningún militante, simpatizante o simple votante del Partido Popular se haya sentido orgulloso al ver la famosa huida de Rajoy, en el Congreso de los Diputados, para evitar las preguntas de los periodistas sobre los popularmente llamados papeles de Bárcenas, cuando saltó a la luz pública su existencia.

No digo que no le sigan defendiendo. No digo que no sigan pensando que es mejor candidato y gobernante que todos sus opositores juntos y, por supuesto, no digo que no le sigan votando.

Lo que digo es que esa actuación melindrosa y encogida no ha servido precisamente para fortalecer el vínculo entre Rajoy y sus seguidores. Seguramente tampoco lo haya hecho con su propia autoestima.

Obviamente, ante sus detractores, cualquier actitud que hubiera mostrado habría servido para desacreditarle, era una situación en la que decidir qué imagen quería que tuvieran sobre todo los suyos, era quizá lo más relevante y no demuestra singular destreza darles piedras a los adversarios para que se las tiren.

El problema real de las actuaciones timoratas es que reducen los argumentos de los nuestros y que son munición que el enemigo utiliza contra ese orgullo de pertenencia que fortalecemos o debilitamos con nuestras actuaciones.

Por contra, quien es capaz de afrontar de cara una situación de alto riesgo en la que es plenamente consciente de que puede dejarse parte de sus plumas y de su reconocimiento, por el hecho de tener la gallardía de acometer la situación, está ya ganando, o dejando de perder, algunos puntos. Nunca serán los suficientes para ganar la partida ante nuestros adversarios, pero por lo menos para nuestros seguidores la decisión en sí misma computará en el resultado final.

En el caso de que además sea capaz de revertir la situación saliendo si no indemne por lo menos con hálito, habrá convertido la amenaza en una oportunidad y habrá fortalecido de forma importante su liderazgo entre los suyos.

No pretendo afirmar que Rajoy estuviera obligado a someterse a una improvisada algarabía ante los periodistas en los pasillos del Congreso de los Diputados, pero qué diferente hubiera quedado su imagen de líder ante los suyos si en vez de huir se hubiera plantado ante los reporteros con gesto contenido y templado y les hubiera recordado que las ruedas de prensa las convoca él y que no toleraría que le cortasen el paso a quien en ese momento representaba la institución presidencial del país.

Probablemente por los contrarios hubiera sido tildado de soberbio y prepotente, pero entre estos adjetivos y los de pusilánime cobarde que cada quien elija.

El 7 de diciembre de 2015 se celebró un debate entre los principales candidatos a la presidencia de España para el que Rajoy delegó en su vicepresidenta Soraya Sáenz de Santamaría. Por el contrario, el 20 de junio de 2016 el presidente del Partido Popular decidió enfrentarse a sus oponentes asistiendo al debate que se organizó con motivo de las elecciones del día 26 del mismo mes.

En el primer debate Rajoy mostró habilidad política al no acudir. También mostró falta de gallardía.

En el segundo debate seguramente el candidato del Partido Popular no fue el vencedor. No obstante, su imagen y credibilidad salieron fortalecidas.

Si bien el precio fue un testículo, esta técnica la seguía el pequeño general superlativo cada vez que al frente de sus tropas y a lomos de un blanco équido se enfrentaba a los indígenas de las colonias africanas. A pesar de que ya nunca más pudo presumir de tener muchos huevos, las muestras pasadas de valentía consiguieron que sus huestes le siguieran con fe ciega en el momento del «glorioso» alzamiento aquel.

Dejando el ámbito político y entrando en el puramente profesional, a quien no le preocupe que le vean como un melindroso o como a un capataz, negar el turno de preguntas y seguir jugando con su táctica habitual puede darle más frutos que lo contrario.

El melindroso y el capataz ya saben que no cumplen con los requisitos de acceso al liderazgo, por lo que enfrentarse a un turno de preguntas hostil es un riesgo innecesario en el que se estarían jugando mucho más de lo que podrían ganar. En estos casos no hay mucho que ganar, salvo que el sujeto desease ir mudando su comportamiento y posicionamiento hacia el de un líder.

Aunque el dicho popular afirma que somos dueños de nuestros silencios y esclavos de nuestras palabras, personalmente creo que también somos esclavos de nuestros silencios y dueños de nuestras palabras.

Probablemente el silencio sea la muestra más ladina de la cobardía, del cinismo y de la hipocresía del ser humano, nuestros silencios pueden definirnos tanto o más que las palabras hueras que en ciertos momentos puedan salir de nuestra boca.

Por el contrario, quien quiera ser visto como alguien desde la óptica personal confiable y desde la profesional como un líder, como alguien que desea ganarse la admiración de seguidores y el respeto de detractores —no hay liderazgo sin oposición— no tiene alternativa. ¡Hay que dar la cara! ¡Así te la partan!

Quien no salte al ruedo podrá ser un gran aficionado, un excelente crítico e incluso un reputado experto tauromáquico, pero nunca será torero. Quien no tenga el cuajo de aceptar preguntas, singularmente en entornos poco favorables, podrá ser un excelente profesional, no lo pongo en duda, pero nunca será un líder.

Uno podrá convertirse en un orador más o menos sagaz y brillante, incluso con la capacidad para emocionar o inspirar, pero en el momento en el que realmente se mostrará como alguien digno de ser seguido por los demás será cuando muestre su gallardía ante escenarios hostiles. Tras esta aseveración está la decisión de algunos políticos cuando se prestan a hacer entrevistas ante periodistas incisivos en las que saben que les van a atizar y duro.

En todo caso, más allá de lo que te digan amigos, compañeros o asesores de comunicación, ten en cuenta que la imagen y el prestigio que están en juego son los tuyos, solo a ti corresponde la decisión.

Recuerda, cuando alguien se equivoca en público nadie más que el susodicho arrastra las consecuencias de su falta de tino así que, si crees que hay altas probabilidades de fastidiarla, sé consciente de que solo tú soportarás el sambenito. Solo tú deberías tomar la decisión de permitir o no preguntas.

Como hacía el caudillo de voz gangosa y aguda, eres tú quien se juega sus gónadas, la decisión, por tanto, debería ser también tuya. Después echarle la culpa a otros, aunque sean los que te llevaron al desatino, no te servirá de mucho.

En el ámbito personal, quizá el tema pudiera parecer menos relevante ya que lo único que estamos poniendo en riesgo es la confianza que los nuestros tengan en nosotros y podemos pensar que su generosidad es tendente al infinito.

Según mi percepción, la generosidad de los nuestros puede ser muy elevada, pero la confianza es algo que, al igual que con los menos allegados, pronto se trunca. Seguramente, como parte de nuestros puertos seguros, nos sigan mostrando aprecio, pero eso no significa que dispongamos de su aval. He conocido una persona que ni sus amigos, ni sus familiares más cercanos, incluyendo a sus hermanos, confiaban en él. Es más, ni su entonces esposa lo hacía, ni sus hijas lo hacen en la actualidad y esa triste posición se alcanza destrozando cada día nuestra credibilidad comparando lo que decimos, lo que dejamos de decir y lo que dejamos decir con lo que hacemos, lo que dejamos de hacer y lo que dejamos hacer.

El momento de las preguntas debe ser afrontado como un escenario de alto riesgo; si vas a someterte a ellas conviene prepararlas a conciencia intentando minimizar, en lo que se pueda, la influencia del azar. A la vez, es una magnífica oportunidad para mostrar la mejor versión de nosotros mismos para fortalecer los pilares de nuestros puertos seguros.

14

Pinocho fue a pescar...

Los camaleones se mimetizan con el entorno. Las gacelas recién nacidas se ocultan entre las hierbas altas. Los pingüinos engañan para conseguir piedras para sus nidos. Los depredadores se esconden esperando el mejor momento para el ataque. Los gatos, las cobras y muchas especies de aves se hacen más grandes cuando se sienten atacados para parecer más amenazantes. En las profundidades abisales algunas especies de peces utilizan la bioluminiscencia para aparentar ser una apetitosa comida y así atraer a la suya propia. Virus y bacterias se esconden para no ser detectados por las defensas del organismo atacado. Incluso algunas malditas células cancerígenas tienen la capacidad de esconderse de los tratamientos dirigidos. Casi todos los organismos vivos intentan engañar a su entorno para sobrevivir.

Aunque la soberbia de nuestra especie hace que pensemos que tenemos la exclusiva de casi todo lo que consideramos sofisticado, sobre el engaño la única verdad es que todos los organismos basan su supervivencia de una forma u otra en él.

Existe una relación directamente proporcional entre el nivel de evolución de una especie y su capacidad para engañar. Quizá, lo que sí pudiéramos es considerar a la mentira como una de las más evolucionadas formas de engaño que existen y también que parece que los primates hayamos desarrollado de forma singular nuestras capacidades en este aspecto.

Para la redacción de este libro, entre los que me han autorizado a utilizar sus nombres y los que han preferido mantener el anonimato, he entrevistado a más de setenta personas. De ellos solo ocho reconocieron abiertamente que la mentira era un recurso y que como tal era utilizada a conveniencia. Uno de ellos, siguiendo los postulados de los antiguos sofistas, afirmó que la verdad estaba muy sobrevalorada y Juancho Armental, el director general del Grupo Arestora, me autorizó a escribir que si cuando hace una selección alguien es capaz de engañarle, superando para ello todos los obstáculos que tienen diseñados para evaluar de forma intensiva a un candidato, le ficharía, porque estaría demostrando una inteligencia muy elevada que estaría a disposición de la empresa contratante.

A los que me dijeron que la mentira estaba absolutamente prohibida en los escenarios propios de este libro les pregunté qué era para ellos una mentira y ahí ya comenzó a surgir la grandeza del ser humano haciendo su trabajo.

No voy a reproducir todas las variantes que escuché, baste saber que somos bastante creativos con nuestras definiciones personales de mentira.

Todos coincidimos en las acepciones del *Diccionario de la lengua española*: «Cosa que no es verdad» y «Expresión o manifestación contraria a lo que se sabe, se piensa o se siente», pero mientras para unos la ocultación de información es una forma de mentira, para otros no es así.

Hay quien incluso afirmó que la hipocresía —ocultación de pensamiento o sentimiento— era mentira, pero esta acepción no fue la mayoritaria.

Sin duda, la mayoría de las personas rehuimos la mentira ante preguntas cerradas de lo que vamos a denominar, para entendernos, el *dato puro*. Es decir, aquello que es contrastable.

Si alguien nos pregunta si somos arquitectos y no lo somos, a nadie, en su sano juicio, se le ocurre responder de forma afirmativa. Mentir sobre el dato puro es burdo y de lerdos por la sencilla razón de que hoy en día es muy sencillo que te puedan desmontar el embuste de forma sencilla, categórica y sobre todo pública.

Otra cosa es la mentira sobre interpretaciones, ideas, sentimientos o pensamientos. Otra cosa es el silencio sobre hechos que conocemos, pero que no nos conviene en un escenario concreto reconocer o compartir.

A la gran mayoría de nosotros la mentira sobre el dato nos incomoda tanto que la rehuimos casi sin excepciones. En todo lo demás, en lo interpretable, en lo que pensamos, en cómo valoramos un acontecimiento, en lo que creemos, en lo que entendemos que resulta muy complicado, si no imposible de probar nuestro ardid, en esos aspectos ya estamos hablando de harina de otro costal.

Ante estos escenarios la mentira y el mantenimiento de una posición hipócrita —aparentar lo que no se piensa o no se siente— es una decisión que gran parte de las personas que tengan una cierta responsabilidad o representatividad se ven obligados a valorar a diario.

La mentira y la hipocresía son formas de actuar muy denostadas socialmente lo que, a la vista de los estudios sobre la materia, probablemente sea en sí mismo una valoración bastante hipócrita.

Sé que no va a quedar elegante leerlo, pero la mentira y la hipocresía, además de los perjuicios conocidos por todos y ampliamente ventilados en las redes sociales mediante las citas de queda bien, también tienen un gran efecto positivo: su valor como engrasador de las relaciones humanas y como elemento socializador. Algo que podemos apreciar incluso en nuestro entorno más cercano, como ilustró de forma magnífica Coca-Cola en el año 2002 con el anuncio en el que un adolescente lograba la reconciliación de sus padres alterando las respuestas de cada uno de ellos.

Si no fuéramos un poco hipócritas nos pasaríamos la vida inmersos en guerras personales diciéndole al mundo sin filtro, y seguramente sin intermediación de solicitud previa, qué pensamos de ellos, de sus valores y de sus formas de pensar y actuar. Prejuicios que habremos pergeñado sin disponer de la información necesaria, ya que nuestro cerebro toma atajos y llega a conclusiones con una agilidad pasmosa, pero en la mayoría de las ocasiones a costa de esa tan manida, a la vez que mancillada, verdad porque estamos programados para ser rápidos en nuestras impresiones, no certeros.

Uno de los entrevistados para la redacción del libro me comentó que debemos aceptar que en algún momento de nuestra vida transgrediremos nuestro propio código ético y aun así deberíamos ser capaces, siempre que nos mantengamos dentro del marco del hecho excepcional, de perdonarnos por ello y seguir el camino hacia intentar convertirnos en una mejor persona.

Otro lanzó la reflexión de que las sociedades occidentales viven dentro de un amplio margen de hipocresía que cuando, por saturación o sobrecarga del sistema, muda su forma de valorar un hecho habitual dilapida sin piedad a quien pille in fraganti para seguir su camino hacia nadie sabe dónde.

Por ejemplo, hace no tanto en España parte de las personas que podían engañar a la hacienda pública no solo lo hacían, sino que presumían públicamente de su añagaza. Una parte de esos artistas del fraude que hoy ya no pueden seguir utilizando las técnicas de antaño se comportan como feroces conversos con quienes son pillados con las manos en la masa.

Los llamados papeles de Panamá y papeles del Paraíso pusieron luz sobre algunos de esos grandes adalides de la ética y de la castidad fiscal, y no me estoy refiriendo solo a los políticos y empresarios porque aparecieron también representantes de otros sectores, algunos caracterizados por ser muy sociales en sus diatribas públicas.

Aún hoy en día, muchas personas siguen preguntando si pueden pagar sin IVA sus pequeñas reformas o inversiones personales, pero no tienen pudor en crujir públicamente a los grandes depredadores financieros que salen en los medios de comunicación.

David Livinstong, filósofo de la Universidad de Nueva Inglaterra y autor del libro *¿Por qué mentimos?*, afirma que «mentimos de forma espontánea igual que respiramos o sudamos», pero lo más importante es que somos la única especie, que se sepa, capaz de autoengañarse, lo que tiene muchas ventajas ante el espejo durante el aseo diario.

El psicólogo de la Universidad de Massachusetts, Robert Feldman, considerado uno de los mayores expertos mundiales en mentira, afirma que mentimos más a desconocidos que a conocidos y que lo hacemos especialmente cuando sentimos que nuestra autoestima se ve amenazada. No son grandes mentiras, simplemente dejamos que el desconocido se lleve de nosotros la mejor de las impresiones, aunque esta esté alejada de la verdad. Si alguien se está llevando la impresión de que somos una persona mejor de lo que en realidad somos, en muchas ocasiones, no nos molestamos en aclarar su error, lo que en *stricto sensu* es una mentira.

¡Fíjate qué acabo de hacer! He escrito la expresión latina *stricto sensu* para que pienses que soy un ilustrado que si no habla por lo menos lee con fluidez latín en la intimidad, lo que es algo muy alejado de lo cierto. Soy un necio que solo sabe que el pozo de su ignorancia es infinito, pero que en ocasiones siente la necesidad de conseguir el aprecio de algún generoso desconocido mostrando la imagen que le gustaría tener, pero que no ve reflejada en el espejo de su realidad. Ya lo dejo, que si sigo flagelándome me hundo en la autodestrucción y abandono la tarea.

Ambos aspectos, estar ante desconocidos y la posibilidad de que nuestra autoestima se vea dañada, son características inherentes a una presentación en público, al turno de preguntas, a una entrevista periodística e incluso a una selección de personal.

Por lo tanto, las probabilidades de que nos inclinemos hacia una mentira en estos momentos son las máximas que cada uno llevemos en nuestro código no sé si genético, de aprendizaje social o de mera supervivencia.

Una de las cosas más interesantes que he descubierto de la mentira es que necesita de la colaboración activa o pasiva del receptor, ya que sin su aprobación sería mucho más complicado que la mentira surtiese su efecto.

Por no cebarnos siempre con los políticos, en algunos escenarios públicos los emisores de la comunicación han aprendido a expresar sus posiciones a través de una elegante hipocresía que es aceptada de buen grado por los receptores.

Me explico. Los deportistas que juegan en equipos de élite cuando son fichados por algún rival justifican su cambio de disciplina argumentando que ellos son profesionales. Cuando dicen que siempre llevarán al equipo que les ha traspasado en el corazón el aficionado puede llegar a agradecer esas palabras como si tuvieran algún significado real, decisión que toman simplemente porque les agrada creerlo así. Es decir, es una mentira que aceptamos y de la que nos convertimos en cómplices.

Ocasionalmente, algunas figuras deportivas pueden ser tildadas de mercenarias por la parte más radical de la afición que se siente traicionada por el cambio de residencia de la estrella. Valoración que no suele tener excepciones cuando la rivalidad entre el club de procedencia y el de destino es máxima como les ha sucedido en su momento a Figo con los seguidores del F.C. Barcelona o a Luis Enrique con los del Real Madrid.

Admitiendo la humanidad de dicho sentimiento, también conviene destacar la irracionalidad de que se exprese con amarga indignación por quienes, seguramente de forma mayoritaria, no dudarían en cambiar de empresa si otra le mejorase sus condiciones, aunque fuese en dimensiones muy inferiores a las que provocaron el cambio residencial del deportista.

Gerald Jellison, de la USC —no la de Santiago de Compostela, sino la del Sur de California—, afirma en un estudio publicado en *The Sunday Telegraph* que mentimos una media de 200 veces al día. Las mentiras más habituales son las expresiones «perdona que te moleste» o «me alegro mucho de verte», cuando ni sentimos molestar ni nos alegramos tanto de la presencia del otro.

Si actualmente hiciésemos en España una encuesta sobre si consideramos que las actuaciones de los consejeros de las cajas de ahorro que utilizaron tarjetas opacas son deleznables, creo que hay pocas dudas de que la inmensa mayoría responderíamos afirmativamente. Pero, en lo que a este capítulo nos atañe, la pregunta adecuada no creo que sea esa.

La pregunta oportuna creo que sería ¿quién aceptaría hace 15 años, porque hoy estamos todos sobre aviso, ser consejero de una caja de ahorros y recibir emolumentos a través de una tarjeta opaca?

Por favor, no me malinterpretes. La diferencia entre Rato, el difunto Blesa y compañía y nosotros es que ellos, además de ganar ya un auténtico pastizal, sabían perfectamente lo que hacían, por eso algún *rara avis* —otro cultismo innecesario— se negó a seguir dichas prácticas, aunque tampoco se encargó de denunciarlas. Todo el peso de la ley sobre los vivos, solo quiero escenificar la laxitud de la ética hacia nosotros mismos frente a lo implacables que en ocasiones nos mostramos ante el proceder del prójimo.

Este no es un libro moralizante y este capítulo tampoco pretende serlo, aunque en los últimos párrafos pudiera parecerlo. Solo quiero dejar muy claro que, aunque alguien afirme y hasta sienta que «tiene la conciencia muy tranquila», como suelen trasladar los acusados más mediáticos, la inmensa mayoría de la población se mostrará implacable con sus deslices y muy laxos con los propios.

El problema es que, como afirma Livinstong, nuestra capacidad de autoengaño hace que nos olvidemos de esas pequeñas miserias propias y que una parte no menor de la sociedad —no sé si es un autoengaño, pero no me incluiré en este saco— pueda llegar a ser un juez implacable de los errores ajenos.

Cuando el ser humano sorprende a alguien en una mentira suele otorgarle la cualidad innata de mentiroso, lo que equivale a calificarla como una persona poco fiable porque pensará que en el futuro seguirá utilizando el engaño a su antojo y beneficio. Por el contrario, cuando alguien le recrimine a él que ha faltado a la verdad se disculpará con las características del entorno, de la situación o del momento. La mentira es un bumerán muy peligroso de utilizar.

La mentira es un recurso magnífico y tremendamente útil porque en caso contrario no lo utilizaríamos tanto, pero de alto riesgo cuando estés ante cientos de personas en un auditorio, ante unos periodistas que harán de altavoces de tu fabulación, en una entrevista de trabajo o ante un juez, con quien ya estarías cometiendo una falta o un delito dependiendo del caso.

Para crear o mantener una imagen de cierta respetabilidad necesitamos generar credibilidad y confianza y la mentira es el mejor veneno tanto para la primera como para la segunda.

Más vale una vez rojo que ciento amarillo. Mejor aceptar una verdad amarga que te lleve al punto de partida, que una mentira que te saque del terreno de juego.

Por si esto fuera poco, la mentira es inversamente proporcional a la preparación que lleves contigo. A más preparado menos probable será que caigas en sentir que tienes la necesidad de mentir y cuanto menos preparado vayas más probabilidades habrá de que te encuentres en un escenario en el que te sientas tentado de faltar al octavo mandamiento.

Por lo tanto, parece aconsejable dejar la mentira en el cajón de los pequeños frascos de las grandes esencias porque utilizar la mentira como si fuese colonia barata sería uno de los hábitos más caros que podríamos tener, por lo menos en los escenarios propios de este ensayo.

Veamos con cierto detalle el papel de la mentira en algunos escenarios profesionales.

Pinocho en el auditorio

Sentir la necesidad de tener que mentir en una conferencia ante una pregunta profesional viene determinada, sobre todo, por la torpeza en cómo nos presentamos y, contrariamente a los motivos que solemos aducir para justificarla, por darle más valor a nuestro ego que a nuestra credibilidad.

Sobre lo segundo hemos hablado largamente; solo te recordaré algo que sabes perfectamente. Nada hay de más valor para un profesional que su credibilidad —motivo por el que me lancé a la tarea de teclear esta obra—, pero cada uno es libre de hacer lo que estime con su vida y, por supuesto, con su imagen pública.

Cuando me refiero a la torpeza en la presentación, quiero decir que es muy sencillo reconocer que no se sabe algo dependiendo de cómo nos acerquemos al auditorio en el inicio de la conferencia y, sobre todo, en la apertura del propio coloquio.

En el inicio de la conferencia el maestro de ceremonias suele poner en valor los méritos del conferenciante, lo que nos da una gran oportunidad para mostrar humildad haciendo algún comentario que nos humanice.

A principios de los años noventa escuché una conferencia de López de Arriortúa[25] en el Hostal de los Reyes Católicos, en Santiago de Compostela, que comenzó con la siguiente historia:

---

25. José Ignacio López de Arriortúa es un controvertido directivo y empresario vasco que alcanzó gran renombre en las décadas de los ochenta y noventa del siglo pasado y que llegó a ser jefe de compras mundial de General Motors y vicepresidente de Volkswagen.

Se cuenta que una vez finalizada la Segunda Guerra Mundial, un todavía desconocido Albert Einstein fue contratado por el Gobierno para dar conferencias por las universidades americanas. Dado que no le gustaba conducir le pusieron un chófer que le llevaría de una a otra.

Después de varias conferencias, Einstein comentó a su acompañante que le resultaba muy tedioso dar siempre la misma charla.

El chófer le dijo que él ya se la sabía de memoria, por lo que se ofreció a impartir la conferencia de la siguiente ciudad en su nombre.

Einstein aceptó el ofrecimiento y antes de llegar a la siguiente universidad intercambiaron sus papeles.

El chófer hizo la exposición incluso con mejores capacidades oratorias que el científico.

Llegado el turno de las preguntas respondió de la misma manera que lo había hecho el maestro, hasta que uno de los asistentes planteó una cuestión que no había surgido con anterioridad, a lo que el chófer respondió: «La pregunta que me está haciendo es tan sencilla que mi chófer, aquí presente, se la va a responder por mí».

Por favor, tengan en cuenta que hoy he venido sin mi chófer.

Con esta archiconocida e incierta leyenda urbana sobre Einstein —que yo ya he escuchado también atribuida a Christiaan Barnard, el cirujano sudafricano que realizó el primer trasplante de corazón—, lo que hizo Superlópez fue posicionarse como alguien cercano humanizando la imagen de quien en aquel momento era considerado una estrella mundial de la gestión empresarial, lo que en sí mismo tuvo dos importantes consecuencias.

La primera fue reducir una parte de la hostilidad que en el auditorio pudiera haber hacia un personaje en aquel momento bastante controvertido. La segunda fue que al posicionarse como el chófer podía responder que esa era una buena pregunta para su conductor, que desgraciadamente no le había acompañado, lo que hubiera provocado las risas de los presentes y él no se vería forzado a tener que mentir, al haber dejado claro que, más allá de la imagen que de él hubieran creado los medios de comunicación, no se presentaba como un genio que todo lo sabe.

Hace tiempo que cuando doy una conferencia, siempre que resulta organizativamente posible, espero a los asistentes en la puerta de entrada al salón de actos y, según van entrando, les voy saludando uno a uno. Me presento, les pido sus nombres, agradezco su presencia y les pregunto si son de los que vienen a animar o a abuchear. De forma casi unánime se sorprenden muy gratamente y antes de entrar en la sala ya hemos tenido unas risas cómplices y un pequeño acercamiento personal.

Acto seguido, casi siempre la organización me presenta formalmente y cuando tomo la palabra digo «efectivamente, soy el que les ha recibido en la entrada. Si no doy la talla como divulgador espero contar con su beneplácito como acomodador», lo que provoca que iniciemos la conferencia con una cierta distensión que, en un momento dado, me permitirá humanizar mi respuesta con un simple «lo desconozco» sin que esto cause estrés alguno a mi ego ni, presumo, menosprecio en los oyentes.

El otro gran momento para posicionarnos es cuando iniciamos el coloquio. Como ya habrás leído, siempre abro el turno de preguntas explicando que a mí no me interesan los debates sino las deliberaciones y les pido que no tengan miedo a exponer sus discrepancias que, al contrario, nos enriquecerían a todos y acto seguido abro el turno de preguntas.

Con esta declaración, antes de la apertura del coloquio, me estoy poniendo la red para cualquier escenario que se pudiera dar. Incluido el de tener que desdecirme de algo, cosa que solo me ha sucedido una vez hace ya bastantes años y la rectificación me salió natural y sentida, sin ningún tipo de sufrimiento ni intelectual ni emocional.

En resumen, para no verse tan inclinado a la mentira ante un auditorio, es mucho más inteligente presentarse como alguien que va a compartir sus experiencias, estudios y opiniones que como el gurú que va a poner luz sobre la ignorancia de los asistentes. La primera opción te hace invulnerable porque eres flexible y puedes adaptarte a cualquier escenario y la segunda te deja presa de las estrecheces de tu vanidad.

Nadie sabe todo de nada y nadie está obligado a saberlo, si nos hemos preparado bien, y somos buenos profesionales, la mentira —ante una pregunta de la que desconocemos la respuesta— es fruto de una mochila a todas luces innecesaria.

Pinocho ante el cuarto poder

Dependiendo del entorno y del formato, la entrevista a un medio de comunicación puede crear una situación muy delicada porque al periodista puede irle en la nómina el lograr algo suculento del entrevistado para airearlo a continuación.

Conviene recordar que normalmente el periodista va a hacer una cierta distinción entre servidores públicos y el resto de mortales por lo que, si estás entre los primeros, el nivel de riesgo es bastante superior.

Una de las cosas que he aprendido es que en muchas ocasiones el político no siente que esté mintiendo sino simplemente siguiendo los postulados del argumentario oficial que le ha pasado a primera hora su gabinete de comunicación.

¡Vale! Aceptemos pulpo… Sin embargo, si el político se limita a seguir como un ente teledirigido los postulados oficiales de su partido no es que su valía personal, su capacidad propia quede en el mejor de los lugares. Es más, los periodistas afirman que perciben una gran diferencia entre el político con personalidad, fondo de armario intelectual y criterio estratégico propio y los *memorizadores* de consignas oficiales.

Una cosa que no puedo afirmar de forma taxativa es si existe o no el *off the record*. Algunos periodistas me dijeron que ellos lo respetaban. En cambio, otros afirmaron que eso no existía porque si la noticia es relevante el periodista sabe que le están utilizando para filtrarla y para que haga su trabajo ya que, si no puede utilizar la información, entonces ¿para qué se la dan? Imagino que se impone la prudencia.

Quizá lo único que me atreva a remarcar en este apartado es que la exposición mediática es una decisión que debería ser algo muy meditado y estratégico dentro del desarrollo de cualquier autoridad o institución. No creo que sea imprescindible en todos los ámbitos estar constantemente presente en los medios para dar un buen servicio público, pero allá cada uno con sus necesidades de lustre.

Personalmente pienso que una buena política comunicativa, sobre todo en el ámbito institucional, sería la estrategia de no generar titulares. *No news, good news!*

Fuera del ámbito de la exposición mediática dejaríamos todos aquellos escenarios de crisis en los que, según todos los expertos consultados, se impone salir lo antes posible a dar nuestra propia versión de los hechos acaecidos, por muy desafortunados que estos hayan sido. En una crisis habrá mucho ruido mediático, pero es fundamental que nadie cuente nuestra versión y que salgamos en tiempo y forma —ambos parámetros son fundamentales e indisolubles— a dar la nuestra que debería ser cierta, honesta y sensible con las personas perjudicadas, pero a este respecto hay mucha literatura y es un ámbito que no pretendo cubrir en esta obra.

Pinocho en búsqueda activa

Mayoritariamente la mentira te inhabilitará, pero lo importante es que entiendas que en parte de las ocasiones no sería preciso mentir para conseguir el puesto.

Una mentira habitual, según me han confirmado los entrevistados, y bastante absurda a mi entender, tiene que ver con exponer en el currículum certificaciones académicas no alcanzadas.

En gran parte de los casos, con excepción de cuando la titulación sea por normativa legal imprescindible para el desarrollo de la actividad, reconocer que finalmente no se alcanzó dicha certificación, explicar las razones que hicieron que esto sucediera y poder demostrar que se cuenta con los conocimientos que se precisan para el puesto, no suele invalidar al candidato, pero mantener el engaño hasta que le exijan que aporte la documentación que lo acredite sí que lo hace.

Quizá en tiempos del ínclito y en aquel momento seudolicenciado Luis Roldán —según la Wikipedia en la cárcel finalizó Ciencias Políticas y Sociología por la UNED— esta táctica podría tener más recorrido, pero hoy más que el atajo hacia la oportunidad profesional es la entrada al callejón de difícil salida del descrédito social.

Un consultor me comentó que uno de sus clientes había contratado a un técnico que afirmaba que poseía una titulación que le facultaba para firmar determinados visados de obra. Después de múltiples reclamaciones, cuando ya llevaba más de un mes incorporado, tuvieron que sentarse con él para exigirle que aportase la documentación pendiente, momento en el que reconoció que no había acabado la carrera, pero lo más sangrante es que había dejado un buen puesto para irse a esa organización. Le echaron *ipso facto*, no sé si por su mentira o por su temeridad.

La mentira venial, aquella en la que el candidato se da un poco más de brillo del que se merecería por su participación en algún logro, es más bien percibido como un argumento de venta que no suele inhabilitarle, siempre y cuando en algo se acerque a la realidad.

Pinocho ante el juez

El escenario de verse tentado a mentir ante un tribunal es el más sencillo para escribir este capítulo porque solo hay dos escenarios ante los que te puedas enfrentar: que seas citado como investigado o como testigo.

Si vas como investigado debes saber que, además de tener derecho a no responder, lo tienes a mentir en tu defensa. Nuestro ordenamiento jurídico no penaliza a quien falte a la verdad en esta situación.

Para el caso de que seas citado como testigo, que sepas que, te aconseje lo que te aconseje el investigado, su abogado o el experto de tu cuñado en España aportar un falso testimonio ante un juez es un delito tipificado con condenas de hasta tres años, dependiendo de la gravedad del perjurio, por lo que aquí ya no estamos hablando de ética, de estética o del intangible sobre la reputación sino del tangible correccional.

Y no tengo más que decir a este respecto.

15

Silencios que gritan

La comunicación no verbal, al igual que la mentira, no es parte de ninguna técnica específica sobre cómo responder a una pregunta envenenada o de otro tipo, pero ambas serán parte de la valoración que hagan los oyentes sobre nuestra credibilidad; como este libro pretende ayudarte justamente en que esta no se vea afectada, es preciso siquiera una somera introducción al tema en cuestión.

Como en el entorno de las conferencias me sentía más competente, una de las cosas por las que me preocupé de contrastar especialmente, tanto entre los expertos en selección de personas como entre los juristas, fue la relevancia que ellos daban a la comunicación no verbal —en adelante CNV— en sus experiencias profesionales.

Las más de las veces, los entrevistados confirmaron que si se pudiese separar lo dicho de cómo se dijo no habría motivo para desconfiar. Es decir, lo que se dice no suele ser el problema porque lo emitimos con cierto nivel de control, pero la forma en la que respondemos resulta absolutamente determinante para otorgar o denegar credibilidad a quien habla.

La grabación de la declaración de Bill Clinton ante el Gran Jurado sobre sus relaciones con Mónica Lewinsky ilustra de forma magistral la importancia que, más allá de lo que digamos con nuestras palabras, otorgamos a la CNV al responder a preguntas incómodas.

Para el caso de que hayas llegado a la conclusión de que efectivamente te gustaría tener controlados tus gestos en el momento de responder a las preguntas, en este capítulo voy a hacer una introducción a algunas cuestiones básicas sobre CNV y también intentaré aportar directrices sobre cómo utilizarla para hacer que las respuestas sumen y no resten en tu credibilidad.

Recuerda que antes de que fuéramos capaces de crear y utilizar un lenguaje verbal como hoy lo conocemos, nuestra especie pasó algunos miles de años basando sus relaciones en su capacidad para articular una comunicación no verbal.

No es solo que la CNV haya precedido en nuestra prehistoria a la palabra, sino que en la actualidad también el gesto se genera y se muestra antes que esta y como receptores estamos dotados para percibir no solo lo que escuchamos, sino también los gestos que preceden y acompañan a dichos mensajes.

El detectar falta de sincronía entre las palabras y la CNV que percibimos nos genera inseguridad y dependiendo de la situación falta de credibilidad en el emisor.

Estamos mucho más entrenados en la habilidad para filtrar nuestras palabras que en la de tamizar nuestros gestos, por eso estos son tan relevantes en la comunicación.

Como emisores de un mensaje utilizamos tres canales para hacerlo llegar en toda su amplitud y con todos sus matices a los receptores del mismo.

El primero de los canales es el verbal, que lo configura las palabras que seleccionamos para trasladar nuestro mensaje. Si transcribiésemos lo que decimos a texto la comunicación verbal serían las palabras impresas que después podrían ser leídas.

El segundo canal que utilizamos es el paraverbal, que se fundamenta en cómo utilizamos nuestra voz: velocidad, volumen, timbre o tono son los atributos que están presentes en este canal de comunicación.

El tercer y último canal que usamos para nuestra comunicación es el denominado canal corporal, que se fundamenta en cómo utilizamos nuestro cuerpo para apoyar nuestro mensaje.

Por lo tanto, en la CNV estamos excluyendo qué decimos —la llamada comunicación verbal— y nos centramos en cómo utilizamos nuestra voz y en la utilización que hacemos de nuestra comunicación corporal o gestual en la transmisión del mensaje.

El psicólogo estadounidense Albert Mehrabian, a través de los estudios publicados en su obra *Silent Messages: Implicit Communication of Emotions and Attitudes,* formuló la denominada regla de Mehrabian. Sin duda, la regla de comunicación más y peor utilizada que nos permite cuantificar el peso relativo de cada canal comunicativo.

Aunque es un estudio exclusivamente centrado en las situaciones en las que el emisor habla de sentimientos y actitudes en parámetros de gusto-disgusto y, como el propio autor aclaró en múltiples ocasiones, en muestras no suficientemente significativas, con frecuencia se utiliza, no sé si por desconocimiento o por interés espurio, tanto para un roto como para un descosido.

Según Mehrabian, en términos de agrado-desagrado, el valor sobre el total que el receptor le da a las palabras que emitimos, es decir a la comunicación verbal, es del 7%. La importancia que le da el oyente a nuestra voz es del 38% y el 55% restante se lo otorga a cómo estamos utilizando nuestro cuerpo en la trasmisión de dicho mensaje.

Por lo tanto, con todas las reservas y advertencias ya comentadas y esgrimidas por el investigador, nuestra CNV tiene un peso del 93% en la credibilidad de nuestro mensaje. Por lo menos hablando de sentimientos y gustos.

Otros investigadores, como Flora Davis, aun reduciendo el peso a la CNV que le otorga Mehrabian, el porcentaje que le dan no baja del 60% por lo que, como mínimo, serán tan importantes las palabras que utilices para responder como el tono y los gestos que las acompañen.

Dejándolo en un empate técnico, cómo respondas podrá tener en algunos momentos tanta relevancia como las palabras que utilices en tu respuesta.

En cuanto a la comunicación corporal en sí, Paul Ekman y Wallace Friesen clasificaron los gestos que intervienen en nuestra comunicación corporal en cinco tipos que paso a describir someramente.

- **Emblemas.** Son gestos con significado conocido tanto por el emisor como por los receptores. Pueden tener significado local o internacional, aunque algunos pueden tener diferentes interpretaciones según el lugar. El pulgar en alto sobresaliendo de un puño cerrado en sentido de acuerdo es un ejemplo de emblema casi universal de conformidad.

- **Ilustradores.** Recalcan o enfatizan lo que se dice, sobre todo con el uso de la mirada y de las manos. No tienen una traducción en palabras, pero las refuerzan de forma importante. Son gestos muy culturales. Mientras en algunos sitios, como en Italia o Argentina, se acompaña mucho lo que se dice con este tipo de movimientos, en otras culturas, como la británica o la germana, tanto énfasis puede ser considerado un síntoma de escaso nivel educativo.

- **Reguladores.** Son los gestos que permiten que la comunicación fluya, sea bidireccional y muestran el interés de los conversadores. Los hacemos para animar a la persona a seguir hablando o para advertir que no estamos de acuerdo con lo que escuchamos. También se utilizan para ceder y tomar la palabra cuando estamos hablando sin pisarnos los unos a los otros.

Los gestos reguladores son los que más sufren en las tertulias en las que se busca más el espectáculo del enfrentamiento que el intercambio de ideas y la deliberación cívica e inteligente.

- **Muestras de afecto.** Son aquellos que muestran nuestro estado emocional. El miedo ante un peligro, la alegría por la nota de un examen, la decepción por haber fallado un penalti, el asco ante el cascado de un huevo podrido, etcétera, son ejemplos de gestos que se engloban dentro de este epígrafe. Se ha demostrado que muchos de ellos son innatos. Por ejemplo, personas ciegas de nacimiento celebran sus éxitos deportivos al marcar un gol o cuando llegan a la meta con la misma expresión que lo haríamos los videntes.

- Y por último llegamos a los **adaptadores,** que son los gestos involuntarios que hacemos cuando estamos lo suficientemente incómodos como para necesitar descargar nuestra tensión, nuestras ganas de irnos o nuestro disgusto por alguna situación. Estos gestos no solo son involuntarios, sino casi siempre inconscientes para el emisor, lo que los hacen singularmente reveladores.

Mesarse el pelo de cabeza o barba, pellizcarse el lóbulo de la oreja o el cuello, jugar con el anillo o el reloj, sacudirse motas de polvo imaginarias, balancearse de un lado a otro, responder mirando por encima de la cabeza de los interlocutores, rehuir la mirada y no mirar a quien hace la pregunta, ponerse y sacarse las gafas de forma repetida sin leer nada, hacer clic de forma compulsiva con un bolígrafo o rascarse un brazo mientras respondemos a una pregunta incómoda son parte de la amplia gama de gestos adaptadores.

Salvo a los psicópatas, a todos nos incomoda mentir, por lo que los gestos adaptadores son consustanciales a la mentira y aunque casi nunca sea sencillo detectarla este tipo de gestualidad nos alerta de forma poco positiva hacia quien los exhibe en cualquier tipo de respuesta.

La grabación comentada en las primeras páginas de este mismo capítulo en la que Bill Clinton es interrogado sobre su relación con Mónica Lewinsky es un amplio catálogo de gestos adaptadores. Tanto es así que probablemente sea la película más utilizada en los talleres de detección de mentiras. La incomodidad del expresidente con las preguntas es tal que no logra en ningún momento trasladar la imagen de credibilidad que le pudiera sacar del amargo trance. Eso a pesar de que posiblemente se había preparado para el tercer grado.

Cuando quieras dar una imagen de serenidad, control y temple es imprescindible que tus gestos, sobre todo los adaptadores, no te traicionen porque más allá de tus palabras los oyentes percibirán que algo no va bien, pero no sabrán el motivo aun cuando este no sea ilícito.

No sabrán si estás nervioso por estar hablando en público, por la entrevista de trabajo, por la subida de la cotización del petróleo, por si tienes algo que ocultar, por si no dominas bien la materia o por si estás ocultando información o directamente faltando a la verdad, lo que provocará que el mensaje llegue con llamadas a pie de página a los receptores.

Para venir a complicarlo aún más, también deberás tener en cuenta que dar imagen de soberbia o suficiencia tampoco suele ser la respuesta adecuada. La vieja estrategia del ataque como arma de defensa, por lo menos en los entornos más formados, no suele ser percibida como argumento de credibilidad sino, con mucha frecuencia, de todo lo contrario. Sea esto especialmente tenido en cuenta en las salas de los tribunales de Justicia y en los entornos de selección de personal.

En los tribunales, los jueces saben que hay dos tipos de embusteros. El histrión victimista y el profesional del juzgado con autosuficiencia ganada con base en experiencias varias. Ninguna de las dos posiciones aporta pluses de credibilidad al acusado.

En los procesos de selección de personal parece que algunos candidatos buscan ocultar carencias propias bajo la máscara de la prepotencia, lo que no solo no elimina las debilidades, sino que las fortalece notablemente.

Hasta ahora hemos visto qué es lo que no deberían trasladar nuestros gestos, pero ¿qué es lo que debería trasladar nuestra CNV para resultar creíbles?

Es más sencillo decirlo que hacerlo, pero vamos a comenzar por explicarlo para pasar a dar unos consejos sobre cómo hacerlo.

Nuestra CNV debe ser coherente con nuestras palabras, con nuestra propia imagen y con la situación en la que estamos recibiendo la pregunta. Así de sencillo y así de complicado.

Vamos a poner tres ejemplos, cada uno de un entorno profesional diferente.

Si impartimos **una conferencia profesional** y hemos sido capaces de crear una cierta complicidad con el auditorio, si incluso hemos creado momentos relajados y hasta divertidos y si en el coloquio recibo una pregunta incómoda, aunque dentro de los límites de la educación, no debería reaccionar con indignación y crear yo mismo una ofensa donde no tiene necesariamente que existir.

Es más, en esa situación bien podría responderse con humor, cierta relajación y con risas y aspavientos: «¡Hala!, ¡hala! ¿A dónde vaaas? ¡Cómo *tas pasao*!» Es decir, que nuestra CNV vuelva a situar con cierto desparpajo el contexto donde lo habíamos dejado antes de la pregunta para después responder lo más serena y relajadamente posible para que el tema quede desactivado y que no se quiera seguir por ahí. Cuando la ocasión lo permita el sentido del humor es un desactivador de lo más eficaz.

Si estuviésemos **ante un juez,** nuestra CNV no debería trasladar ni que el mundo se acaba o que estamos absolutamente indignados con lo que nos está sucediendo, ni que estamos de vuelta de este tipo de cuestiones y que nos resulta completamente indiferente el resultado. Estamos en un entorno formal con cierto nivel de solemnidad, debemos trasladar respeto y algo de afectación, pero sin caer en el histrionismo.

Si el declarante fuese una persona sin el suficiente nivel cultural para hacer consideraciones jurídicas o técnicas, en caso de hacerlas, el juez entenderá que simplemente está siguiendo la estrategia que su abogado le recomendó, lo que no fortalecerá la credibilidad del testimonio.

Aunque yo mantenga mis dudas porque los jueces también son humanos y siempre pueden aplicar el extremo de la horquilla más benévolo o el más coercitivo, mis fuentes me comentaron que ellos creen que si bien la CNV no afecta a la hora de redactar las sentencias, sí creen que afecta y mucho a la credibilidad de los testigos. Es decir, lo más importante respecto del acusado serán los hechos que se puedan demostrar, pero en cuanto a la credibilidad de un testimonio presentado por un testigo si su CNV no es segura y coherente con el perfil del mismo este testigo pierde valor.

En todo caso, también todos reconocen que una escenificación no verbal y verbal basada en una humildad no exagerada, siempre será menos arriesgada que una surgida desde la suficiencia o la soberbia.

En un proceso de **selección de personal** debemos trasladar tranquilidad, aun cuando nos estemos jugando mucho en el mismo, pero sin sacar los pies del tiesto mediante un exceso de comodidad o utilizando un lenguaje impropio o excesivamente coloquial. Estamos en un entorno de evaluación en el que nuestro interlocutor puede estar, como hemos visto en el capítulo específico del tema, poniéndonos alguna prueba para ver cómo nos comportamos o reaccionamos en según qué ambientes y en este lo que tenemos que trasladar es que sabemos adaptarnos y que sabemos estar.

Llegados a este punto seguro que echas en falta unos pequeños consejos sobre cómo actuar de forma efectiva para lograr tener tu CNV controlada ante cualquier escenario que pudiera surgir.

¡Vamos allá! ¡Prepárate que comenzamos! ¡Toma nota!

No existen recetas milagrosas. No hay manera realmente eficaz de dominar nuestra CNV cuando algo nos afecte de verdad.

La única manera verdaderamente efectiva que existe para que nuestra CNV no nos traicione es cambiar nuestras emociones sobre las cosas que sabemos que nos molestan para que dejen de hacerlo. De esta forma nuestra comunicación siempre estará a nuestro servicio, pero no hay ningún truco o paso a paso que te permita controlar tu CNV si tus emociones siguen siendo adversas.

Si voy a meterme en política y me indigna que alguien pueda dudar de la honestidad de los políticos tengo que trabajar esto intentando convencerme de que no debo sentirme afectado por los ataques al colectivo porque también se ataca a los funcionarios, a los profesores y a todo gremio que tenga alguna función con cierta relevancia social. Otra cosa sería el ataque personal que en ningún caso tendría que ser tolerado.

Si tengo la tendencia a ponerme muy nervioso en las entrevistas de trabajo porque temo ser evaluado, lo mejor que puedo hacer es trabajar el cambio emocional para llegar al convencimiento de que el seleccionador está de mi parte y que él quiere que brille para que yo sea su candidato ideal.

Si temo que me pregunten sobre mi nivel de inglés tengo que tener preparada una respuesta que me permita decir lo que tengo que responder sin hacer de ello un drama: «Inglés nivel turístico con base para alcanzar pronto el nivel demandado».

El truco no está tanto en intentar gestionar nuestros gestos cuando nos preguntan algo que nos incomoda, sino en modificar nuestras emociones para que deje de molestarnos. No digo que sea sencillo, digo que es lo único que realmente funciona.

La idea principal de este capítulo debe quedar muy clara: nuestra comunicación no verbal va a ser tan importante en la valoración de nuestra respuesta como las mismas palabras que pronunciemos para formularla, así que si te vas a preocupar de qué dices deberías también hacerlo de cómo lo dices.

16

Coloquio

Este capítulo es una invitación a, si lo deseas, iniciar un diálogo entre tú y yo para intentar resolver las dudas que te hayan podido quedar o surgir después de la lectura del libro, pero antes de que me envíes tu primera duda permíteme una declaración.

Ya sabes que no me interesan los debates, pero estaré encantado en deliberar contigo.

He escrito este libro para compartir unas lecturas, unas investigaciones y unos enfoques que me han llevado a unas conclusiones, pero si tú aportas otras diferentes que me permitan convencerme de que una tesis alternativa es mejor, estaré encantado de mudar mi opinión previa. No siento que tenga conflictos de intereses a este respecto.

Por tanto, adelante con tus discrepancias ¿Quién se atreve a romper el hielo enviando la primera pregunta a https://www.facebook.com/mcastelor/?

- *P. Como soy un tipo valiente y de momento nadie se atreve yo haré la primera pregunta. Marcelo, ¿crees que es cierto que no existen las preguntas envenenadas como afirman algunos de tus entrevistados en el libro?*
- *R. Gracias por una pregunta tan interesante* [espero que captes el sarcasmo]. *Estoy de acuerdo en lo que subyace en esa afirmación de que lo más importante es qué eres capaz de*

hacer con tu respuesta, pero discrepo en la valoración de que todos los escenarios son amigables. En algunas situaciones, quizá no las más frecuentes, las personas podemos hacer preguntas buscando debilitar la credibilidad del ponente, de sus tesis o de ambos aspectos. Yo mismo, hace algunos años en un congreso, lancé una pregunta «inteligente» a los representantes de una de las más importantes empresas de software del mundo. La respuesta y sobre todo la actitud soberbia y hasta chulesca de los aludidos provocó que el auditorio acabase abucheándoles. Yo no esperaba tal reacción, pero admito que la pregunta era un dardo impregnado en curare.

— P. *¿Cuál crees tú que es la mejor técnica para responder a una pregunta envenenada?*

— R. *Gracias por tu participación. [Así sí.] Sin duda, creo que la mejor técnica es dominar bien el tema que te lleva a ponerte ante un interlocutor, sea quien sea, y preparar con extensión y diligencia las posibles preguntas complicadas que puedas recibir. Si te juegas mucho en el escenario deberías preparar las preguntas con presión hasta que tengas las mejores respuestas, o por lo menos las menos malas que seas capaz de crear. En la preparación irá surgiendo el antídoto que convenga cada pregunta ya que no es aconsejable que siempre utilices el mismo regate para sortear las adversidades.*

— P. *¿Quién va a ser el siguiente en enviar su duda, discrepancia o sugerencia?*

Muito obrigado!

Quizá otros libros puedan ser escritos basándose solo en bibliografías o en los conocimientos y reflexiones del autor, pero al no haber casi obras de consulta sobre el contenido que estuvo en la génesis de esta obra la realidad es que esta no hubiera alumbrado sin la desinteresada colaboración de un puñado de profesionales del máximo nivel que han compartido conmigo su tiempo, su experiencia y sus aprendizajes.

También he de dejar claro que en esta obra solo están mis conclusiones, cualquier inconveniencia, equivocación, torpeza o salida de tono tiene un único propietario. Lo que has leído son mis ideas plasmadas, no las de los que me ayudaron a crear un criterio personal que pudiera ser —y en muchos casos será— diferente del mío.

De hecho, estoy seguro que parte de los colaboradores puedan sentirse decepcionados por el resultado final que lean en estas páginas al no reconocerse en mis palabras. Espero que entiendan que su papel era el de ilustrarme, pero que la obra tiene que partir de las dudas y certezas de quien registrando atentamente sus palabras las pasa por el filtro de su propio y personal criterio y finalmente pulsa las teclas.

No voy a hacer menciones especiales ni a singularizar a nadie ya que de todos recibí el máximo cariño y grado de colaboración, aunque por respeto institucional nombraré en primer término a las autoridades que en el momento de redactar este capítulo desempeñaban un cargo oficial. El cargo que figura es el que ostentaba la persona en el momento de la entrevista.

- Fernando Suanzes Pérez. Fiscal Superior de Galicia.
- Milagros Otero Parga. Valedora do Pobo de Galicia.
- Valentín González Formoso. Presidente da Deputación de A Coruña.
- Pepe Santiso Miramontes. Alcalde de Abegondo.
- Antonio Abril Abadín. Presidente del Consejo Social de la Universidade da Coruña.
- Senén Barro Ameneiro. Presidente de RedEmprendia y exrector de la Universidade de Santiago de Compostela.
- José Luís Méndez Romeu. Exsecretario de Estado y exconselleiro de la Xunta de Galicia.
- Pilar Farjas Abadía. Exsecretaria de Estado y exconselleira de la Xunta de Galicia.
- Antolín Sánchez Presedo. Exdiputado europeo, exconselleiro de la Xunta de Galicia y exsecretario general del PSdG.
- Xosé Luís Barreiro Rivas. Exvicepresidente de la Xunta de Galicia, politólogo, articulista y profesor universitario.
- Celso Currás Fernández. Exconselleiro de la Xunta de Galicia.
- José María Barja Pérez. Exrector de la Universidade de A Coruña.
- José Francisco Méndez Castro. Presidente en Galicia del sindicato CSI-F.
- Javier Cudeiro Mazaira. Catedrático de Fisiología de la Universidade de A Coruña.
- Antonio Roma Valdés. Fiscal.
- José Antonio Vázquez Taín. Juez.
- Ángel Facio Villanueva. Gerente del Área Sanitaria de Ferrol.
- Ramón Ares Rico. Gerente del Área Sanitaria de Lugo, Cervo y Monforte.
- Quico Vilanova Fraga. Gerente del Área Sanitaria de A Coruña.
- José Manuel Valiño Blanco. Director de Tecnologías de Abanca.
- María Camino Agra. Directora de Personal de Abanca.

- Francisco Duarte. Director de Personal de VEGALSA.
- Santiago Vázquez Blanco. Director de Personas de R.
- Antonio Domingo Tudó. Director de Applica Asociados.
- Verónica Rivadulla. Directora de Grupo Clave y de Gestión del Talento de Nortempo.
- Wifedro Meléndrez. Director de GES Consultores.
- Juancho Armental. Director general de Grupo Arestora.
- Ignacio Abeal. Director de Nascor Consultores.
- Rocío Vilariño Viqueira. Experta en reclutamiento y desarrollo de personas.
- Manuel Estévez Díaz. Experto en reclutamiento y desarrollo de personas.
- Alberto de Artaza Varasa. Experto en reclutamiento y desarrollo de personas.
- Barca García Benlloch. Experta en reclutamiento y desarrollo de personas.
- Javier de Toro Santos. Vicepresidente del Colegio Médico de A Coruña y jefe del servicio de Reumatología del Área Sanitaria de A Coruña.
- José Manuel Castro Pérez. Jefe del servicio de Radiodiagnóstico del Área Sanitaria de A Coruña.
- Juan Carlos Vázquez Barro. Jefe del servicio de Otorrinolaringología del Área Sanitaria de A Coruña.
- Antonio Rodríguez Sotillo. Jefe del servicio de Lesionados Medulares del Área Sanitaria de A Coruña.
- Alberto Pensado Castiñeiras. Jefe del servicio de Anestesiología del Área Sanitaria de A Coruña.
- Antón Fernández García. Coordinador de Trasplantes del Complejo Hospitalario Universitario de A Coruña.
- Guillermo Vázquez González. Director de la subdirección de sistemas de información del Complejo Hospitalario Universitario de A Coruña.
- Fernanda Tabarés. Directora de V Televisión.

- Aida Pena Meis. Directora de contenidos de la cadena SER en Galicia.
- Juan Carlos Yañez Wonenburger. Cardiólogo del Complejo Hospitalario Universitario de A Coruña.
- Mayte González Trillo. Directora de *Hoy por hoy* en Radio Coruña cadena SER.
- Consuelo Bautista Benejama. Periodista y jefa de contenidos en Radio Coruña cadena SER.
- Marcos Sanluís López. Jefe de programación y contenidos en Radio Coruña cadena SER.
- Daniel Bardavío. Asesor de comunicación.
- Antonio Lodeiro. Locutor en Radio Líder.
- Ana Valiño Blanco. Exlocutora en la cadena SER, en Radio Líder y responsable de comunicación de Plexus.
- Cristina de la Vega Jiménez. Jefa del gabinete de comunicación del Área Sanitaria de A Coruña.
- María Fernández Seage. Jefa del gabinete de comunicación del Área Sanitaria de Ferrol.
- Sergio Diéguez Sabucedo. Abogado penalista.
- Lucía Taboada Lesta. Directora de Gestión de Octo Comunicación.
- Irene Montero Díaz. Directora de Comunicación de Octo Comunicación.
- Marcelino Fernández Mallo. Escritor.
- Javier Pedreira «Wicho». Responsable tecnológico de los museos científicos coruñeses, editor de microsiervos.com y divulgador científico.
- Y a los veintiún profesionales más que por sus circunstancias personales o profesionales prefirieron mantenerse en el anonimato.

También debo hacer menciones menos personales a algunas fuentes que me facilitaron enormemente el trabajo. Qué haríamos los escritores sin la trinidad de la investigación divulgativa actual:

- Google.
- YouTube.
- Wikipedia.

Bibliografía:

- *In the line of fire.* Jerry Weissman.
- *Cómo hablar bien en público e influir en los hombres de negocios.* Dale Carnegie.
- *El camino fácil y rápido para hablar eficazmente.* Revisión de Dorothy Carnegie.
- *¿Por qué los profesionales no comunicamos mejor?* Manuel Campo Vidal.
- *Aprender a hablar en público hoy.* Juan Antonio Vallejo-Nágera.
- *Pregunting.* Antonio Moar.
- *El rostro de las emociones.* Paul Ekman.
- *El lenguaje de los gestos.* Flora Davis.
- *El lenguaje del cuerpo.* Allan y Bárbara Pease.
- *La gran guía del lenguaje no verbal.* Teresa Baró.
- *Tus gestos te delatan.* Fran Carrillo.
- *Pre-suasion.* Robert Cialdini.
- *El cliente ha muerto… ¡Viva el cliente!* Marcelo Castelo.

Blogs:

- www.elartedepresentar.com
- www.presentable.es
- www.sebastianlora.com
- www.lenguajecorporal.org

En la parte del estilo literario debo destacar la inestimable ayuda y el apoyo constante de Jesús Arnoso Barro que le metió tantas horas y me ayudó tanto que sin su colaboración esto hubiera sido mucho más árido.

Por momentos también me he apoyado en Miluca Rodríguez Eirís, Marysé Vázquez González, Queta Fernández González, Ana González Antelo, Christian Mendieta Larreategui, Manuel Villamarín Lorenzo, Paco Salgueiro Cociña, Javier Bartual de Cal o José Antonio Rodríguez Rivas.

Y tampoco puedo acabar sin nombrar a mis hijas Sabela e Iria porque siempre están disponibles y con buena cara para una deliberación con su padre y por último a Eva, mi compañera de viaje, porque con ella cerca todo camino siempre se me hace corto.

A todos ellos y a los que mi diagnóstico de TDAH les haya censurado su presencia en estas páginas, mi agradecimiento perenne y consideración más distinguida.

Muito obrigado!

En el final fue lo último

¿Qué te ha traído hasta aquí? Si, al margen de los altibajos que tiene toda obra perteneciente al subgénero de la literatura alimenticia, lo que has leído te ha parecido con un mínimo de interés como para leerlo en toda su extensión me siento en deuda contigo.

Ningún bien hay más preciado para los seres humanos que su tiempo, por lo que es un halago que hayas decidido compartir una fracción del tuyo conmigo. Así que si no eres un psicópata ni un pesado absorbente y crees que podemos seguir con nuestro proceso de descubrimiento mutuo estaré encantado de recibir noticias tuyas en https://www.facebook.com/mcastelor/

Recuerda que todos los antídotos tienen su momento y que el mejor siempre será ir bien preparado, ser lo más honesto que la situación y tu carácter te permitan y, sobre todo, por muy complicada que sea la situación no decir algo que pudiera empeorarla después.

En todo caso, mi consejo no puede ser más claro: ante una pregunta envenenada no entres al trapo. En este punto pudiera ayudarte la famosa frase atribuida a Mark Twain e incluso a Groucho: «Es mejor permanecer callado y parecer tonto que hablar y despejar las dudas definitivamente», frase que parece que desconocía aquella bellísima aspirante a no sé qué cuando afirmó que Confucio fue el chino japonés que inventó la confusión.

Cuenta hasta diez, recita algún mantra, haz que tomas notas para ganar tiempo y controlar tu ego herido. Lo único importante es tener claro que no deberías caer en la trampa del impulso emocional irreflexivo.

Si vas a montar un dios con tus declaraciones lo mejor es que lo hagas de forma consciente, templada y dando la imagen de que tus consideraciones no son fruto de un impulso de tu vanidad herida sino de una reflexión que puede estar errada, pero que está meditada.

Aunque hay un tipo de personaje que presume de tener a su ego malcriado, demostrar no tener el temple necesario para gestionar las emociones propias en público afectará a tu credibilidad y eso en contadas ocasiones te reforzará ante ti mismo.

Muchas gracias por llegar hasta aquí y ojalá que la vida te encamine hacia las preguntas verdaderamente importantes.

Lo mejor te deseo.

MARCELO CASTELO

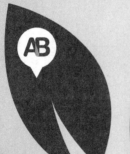

CUCAS
UÑAS
perFume